COLEÇÃO
**POCKET BOOK**
THEREZA NAHAS
COORDENADORA

COLEÇÃO
**POCKET BOOK**
THEREZA NAHAS
COORDENADORA

**AMÁLIA ROSA DE CAMPOS**
**DENISE FINCATO**

# MANDADO DE SEGURANÇA NO PROCESSO DO TRABALHO

MATRIOSKA
EDITORA

**Publisher** – Editorial: Luciana Félix
**Publisher** – Comercial: Patrícia Melo
**Coordenação editorial da coleção:** Ana C. Moura
**Copidesque e preparação de texto:** Ana C. Moura
**Revisão:** Equipe Matrioska Editora
**Editoração e capa:** Marcelo Correia da Silva

**Matrioska Editora**
Atendimento e venda direta ao leitor:
www.matrioskaeditora.com.br
contato@matrioskaeditora.com.br
facebook.com/matrioskaeditora
instagram.com/matrioskaeditora

**Dados Internacionais de Catalogação na Publicação (CIP)**
**(Câmara Brasileira do Livro, SP, Brasil)**

Campos, Amália Rosa de
Mandado de segurança no processo do trabalho / Amália Rosa de Campos, Denise Fincato. -- São Paulo : Matrioska Editora, 2022. -- (Coleção pocket book / Thereza Nahas, coordenadora)

Bibliografia.
ISBN 978-65-86985-78-8

1. Direito processual do trabalho - Brasil 2. Justiça do trabalho - Brasil 3. Mandado de segurança - Brasil I. Fincato, Denise. II. Nahas, Thereza. III. Título. IV. Série.

22-119929 CDU-347.9:331(81)

**Índices para catálogo sistemático:**

1. Brasil : Direito processual do trabalho 347.9:331(81)

Cibele Maria Dias - Bibliotecária - CRB-8/9427

**Impresso no Brasil**
**2022**

# As Autoras

**Amália Rosa de Campos**

Mestre em Direito pelo Programa de Pós-Graduação da Pontifícia Universidade Católica do Rio Grande do Sul (PUCRS), na área de concentração Teoria Geral da Jurisdição e Processo. Especialista em Direito do Trabalho e Direito Processual do Trabalho pela PUCRS. Vice-coordenadora e líder do eixo "Jurisdição, Processo e Tecnologia junto ao Grupo de Pesquisas Novas Tecnologias, Processo e Relações de Trabalho (GTRATEC), sediado na PUCRS. Conselheira da Subseção de Montenegro da Ordem dos Advogados do Brasil. Advogada e sócia do escritório Sant'Anna e Campos Assessoria Jurídica. Professora. E-mail: amaliarosacampos@gmail.com

**Denise Fincato**

Doutora em Direito pela Universidad de Burgos, com pós-doutorado na Universidad Complutense de Madrid, onde desenvolveu pesquisa sobre Crise, Tecnologia e Trabalho: estudo das Reformas Laborais (comparativo Brasil e Espanha). Visiting Researcher na Università degli Studi de Parma. Professora-pesquisadora na Pontifícia Universidade Católica do Rio Grande do Sul, onde ministra as disciplinas de Novas Tecnologias e Relações de Trabalho e Metodologia da Pesquisa Jurídica. É coordenadora do grupo de pesquisas Novas Tecnologias, Processo e Relações de Trabalho (CNPq/PUCRS). Acadêmica Titular da Cadeira número 34 da Academia Sul-Rio-Grandense de Direito do Trabalho. CEO do Instituto Workab. Advogada e consultora trabalhista, sócia-fundadora do escritório Denise Fincato Advogados. E-mail: dpfincato1@gmail.com

# Apresentação da Série

A coleção Pocket-book chega ao leitor com a intenção de proporcionar uma ferramenta de trabalho e conhecimento que permita a consulta rápida, inteligente e com a qualidade que o modelo da tecnologia atual exige.

Os temas monográficos e a diversidade de autores e pensamentos evitam que a velocidade das alterações legislativas, jurisprudenciais, políticas e sociais possam comprometer a atualidade das obras.

O formato praticamente 100% digital do conteúdo (com impressões esporádicas e sob demanda) viabiliza as atualizações constantes e necessárias para a compreensão dos temas propostos.

O mundo em constante transformação, a aceleração da tecnologia da informação e da comunicação e os vários instrumentos normativos que surgem nos diferentes países impactando, inclusive, a zona de conforto que cada um de nós vive, requer atualizações mais dinâmicas e intercâmbios culturais, políticos, jurídicos e sociais. O mundo não tem fronteiras e reclama que cada um possa ir mais além, justamente pela união dos povos e a cooperação transnacional.

Vivemos no século da sociedade do conhecimento, fundamento este de cada Pocket-book que o leitor poderá absorver!

***Thereza Nahas***

Coordenadora e autora

# Sumário

# NOÇÕES INTRODUTÓRIAS

Para que se possa aprofundar o estudo da ação de mandado de segurança, objeto do livro que ora se inicia, faz-se necessário destinar algumas linhas ao estabelecimento de uma primeira aproximação com o tema.

Em que pese, em casos tais, a doutrina adote como práxis o assentamento, por primeiro, de uma delimitação conceitual do instituto sob análise, considerando-se que, à vista da complexidade do mandado de segurança, os conceitos classicamente apresentados se traduzem apenas em um agrupamento de seus principais elementos constitutivos[1], opta-se por dar início ao seu exame a partir de

[1] É o que se infere a partir da análise do seguinte conceito, ofertado por Hely Lopes Meirelles, Arnoldo Wald e Gilmar Ferreira Mendes: "Mandado de segurança é o meio constitucional posto à disposição de toda pessoa física ou jurídica, órgão com capacidade processual ou universalidade reconhecida por lei para a proteção de direito individual ou coletivo, líquido e certo, lesado ou ameaçado de lesão por ato de autoridade, não amparado por *habeas corpus* ou *habeas data*, seja de que categoria for e sejam quais forem as funções que exerça". MEIRELLES, Hely Lopes; WALD,

perspectiva diversa: a análise da evolução legislativa do instituto — o que permite antever os propósitos que justificaram sua criação e desenvolvimento; a indicação de sua natureza jurídica — de modo a melhor situá-lo no contexto das demais ações admitidas pelo ordenamento jurídico-constitucional pátrio; e os efeitos gerados pelo provimento jurisdicional, quer no tocante à sua qualidade, quer no que pertine à sua abrangência — assim permitindo melhor aferir qual o proveito que pode ser obtido a partir do manejo da indigitada ação.

É a tal desiderato, pois, que se dedicam os títulos seguintes.

## 1.1 Breve evolução legislativa

A doutrina pátria, ao se debruçar sobre o mandado de segurança, reconhece que, embora guarde ele alguns pontos de contato com as "seguranças reais" portuguesas[2], o "amparo" de origem mexicana[3]

---

Arnoldo; MENDES, Gilmar Ferreira. *Mandado de segurança e ações constitucionais*. 36. ed. atual. ampl. São Paulo: Malheiros, 2014, p. 25-27. Na mesma linha, tem-se Humberto Theodoro Júnior, para quem o mandado de segurança corresponde a "[...] remédio processual constitucional, manejável contra ato de qualquer autoridade pública, que cometa ilegalidade ou abuso de poder, tendo como objetivo proteger o titular de direito líquido e certo não amparado por *habeas corpus* ou *habeas data*". THEODORO JÚNIOR, Humberto. *Lei do Mandado de Segurança comentada*: artigo por artigo. 2. ed. Rio de Janeiro: Forense, 2019. *E-book*, p. 34.

[2] As Ordenações Filipinas, em seu Livro III, Título LXXVIII, §5°, bem assim no Livro V, título CXXVIII, previam a possibilidade da "[...] pessoa, que se teme de outra por alguma razão [...]" postular e obter do Poder Judiciário uma "segurança", que tomava forma de "[...] instrumento público, ou carta testemunhável [...]", que, em razão de sua força vinculante, capaz mesmo de levar à prisão em caso de descumprimento, eram também descritos como "mandado". ALMEIDA, Candido Mendes de. *Ordenações e leis do reino de Portugal*. Rio de Janeiro: Typ. Do Instituto Philomathico, 1870, p. 688 e 1.300.

[3] Trata-se, segundo lição de Aylton Bonomo Júnior e Hermes Zaneti Júnior, de um instrumento jurídico previsto pela primeira vez na Constituição Mexicana de 1857, por meio da qual o administrado, diante de situação de inconstitucionalidade ou ilegalidade decorrente de ato praticado por autoridade, pode buscar o reconhecimento da sua invalidade ou obstar a dimanação de seus efeitos jurídicos. BONOMO JÚNIOR, Aylton; ZANETI JÚNIOR, Hermes. *Mandado de segurança individual e coletivo*. Salvador: JusPodivm, 2019, p. 36-37.

e os "*writs*" advindos do sistema jurídico anglo-saxão[4], em verdade se trata de instrumento jurídico tipicamente brasileiro[5].

Isso se dá porque ele deita raízes no *habeas corpus* previsto no artigo 72, parágrafo 22, da Constituição da República dos Estados Unidos do Brasil de 1891[6], a qual, de forma *sui generis*, prestava-se à ampla tutela[7] dos direitos dos indivíduos que se encontrassem na "[...] iminência de sofrer violência ou coação por ilegalidade ou abuso de poder". Foi, portanto, a partir do momento em que a reforma constitucional de 1926 limitou a hipótese de cabimento do *habeas corpus* à proteção do direito de locomoção[8] que exsurgiram diversos

---

[4] Fala-se em *writs* anglo-saxões, porquanto a adoção do sistema de *common law* pelos ingleses e estadunidenses, bem assim as semelhanças em seus sistemas jurídicos advindas do fato de os primeiros haverem colonizado os segundos, o que redundou em tratamento isonômico no que pertine às ordens escritas emanadas de órgãos judiciários com o intuito de defender os particulares em face de atos praticados pela Administração Pública. Embora diversas sejam as espécies de *writs* presentes nos sobreditos ordenamentos jurídicos, para os fins do tema em estudo, despontam como mais relevantes o *writ of mandamus* — por meio do qual se obriga uma determinada autoridade a praticar ato de sua competência — e o *writ of injunction* — em que as autoridades são compelidas a não praticar ato ilegal que viole direitos do particular ou mesmo a adotar uma conduta positiva, com o fito de preservá-los. OLIVEIRA, Francisco Antônio de. *Mandado de segurança e controle constitucional*. 4. ed. São Paulo: LTr, 2012, p. 18-20.

[5] BUZAID, Alfredo. Do mandado de segurança. *Revista De Direito Administrativo*, Rio de Janeiro, n. 44, 1956, p. 26.

[6] Aqui, impende salientar que a Constituição do Império de 1824 não trouxe em seu bojo quaisquer garantias em face do poder estatal. E isso se dá: a) a uma, porque tal norma tinha por traço característico a existência de um quarto poder constituído — o Poder Moderador —, por meio do qual era conferida ao Imperador a prerrogativa de se imiscuir nos atos praticados pelos Poderes Executivo, Legislativo e Judiciário, tornando desnecessária a busca por uma ordem de segurança; e b) a duas, porque o Poder Moderador, em razão de seu traço absolutista, era incompatível com qualquer pretensão ao estabelecimento de controle da legalidade dos atos emanados do Imperador. TEMER, Michel. *Elementos de Direito Constitucional*. 2. ed. São Paulo: Malheiros, 2008, p. 186.

[7] GUERRA FILHO, Willis Santiago. *Processo Constitucional e Direitos Fundamentais*. 4. ed. rev. ampl. São Paulo: RCS Editora, 2005, p. 124.

[8] DANTAS, Paulo Roberto de Figueiredo. *Direito processual constitucional*. 8. ed. São Paulo: Saraiva, 2018. *E-book*, p. 337.

projetos de lei[9] cujo propósito era justamente o de conceber um novo remédio constitucional que, com a mesma celeridade e efetividade até então existentes, pudesse agasalhar as posições jurídicas ameaçadas ou violadas por atos ilegais praticados pelo Poder Público.

Não obstante a adoção de tais iniciativas legislativas, foi apenas com o advento do texto constitucional de 1934 que o mandado de segurança foi positivado no ordenamento jurídico-constitucional pátrio, passando a figurar, consoante disposição do seu artigo 113, parágrafo 33, como garantia voltada à "[...] defesa do direito, certo e incontestável, ameaçado ou violado por ato manifestamente inconstitucional ou ilegal de qualquer autoridade", em previsão que foi regulamentada pela Lei n.º 191/1936[10].

Previsão análoga, impende salientar, não se fez presente na Carta outorgada no ano de 1937, "[...] o que não é de se estranhar, porque Ditaduras não gostam de instrumentos que eventualmente as afrontem"[11]. Tal circunstância, contudo, não representou efetivamente a insubsistência do mandado de segurança no sistema jurídico brasileiro, uma vez que o Decreto-Lei n.º 6/1937, em seu artigo 16, expressamente reconheceu que "continua em vigor o remédio do mandado de segurança, nos têrmos [sic] da lei n. 191 de 16 de janeiro

---

[9] Assevera Manoel Antônio Teixeira Filho que "[...] inúmeros Projetos de Lei foram apresentados à Câmara dos Deputados, como, p. ex., os de Gudesteu Pires ('mandado de proteção e de restauração'), em 1926; Afrânio de Meio Franco ('mandado de reintegração, de manutenção, ou proibitório'), em 1927; Matos Peixoto ('ação de manutenção'), em 1927; Odilon Braga ('ordem de garantia'); Bernardino Sobrinho ('mandado proibitório'), em 1927; Clodomir Cardoso ('mandado de reintegração, de manutenção ou proibitório') e de Sérgio Loreto ('mandado assecuratório ou recuperatório')". TEIXEIRA FILHO, Manuel Antônio. *Mandado de segurança na Justiça do Trabalho* individual e coletivo. 4. ed. São Paulo: LTr, 2017, p. 31. No mesmo sentido: WALD, Arnold. A evolução legislativa do Mandado de Segurança. *Revista Do Serviço Público*, Brasília, v. 76, n. 1, 1957, p. 194-203, p. 194.

[10] LOPES, Mauro Luís Rocha. *Comentários à Nova Lei do Mandado de Segurança*. Rio de Janeiro: Impetus, 2009, p. 2.

[11] SILVA, José Afonso da. *O constitucionalismo brasileiro*. São Paulo: Malheiros, 2011, p. 188.

de 1936 [...]", embora se tenha deixado de reconhecer seu cabimento no tocante, não por coincidência, aos "[...] atos do Presidente da República e dos ministros de Estado, Governadores e Interventores" — limitação essa que se repetiu por ocasião da entrada em vigor do Código de Processo Civil de 1939, notadamente no *caput* de seu artigo 319[12].

Restabelecido o regime democrático, a Constituição dos Estados Unidos do Brasil de 1946 tornou a dar *status* de direito e garantia individual ao *mandamus*, dessa feita previsto no artigo 141, parágrafo 24[13], cuja redação, a um só tempo: a) substituiu a expressão "direito certo e incontestável" por "direito líquido e certo"; b) alterou a expressão "ato inconstitucional e ilegal" para "ilegalidade ou abuso de poder"; e c) eliminou a exigência de que a violação legal praticada pela autoridade responsável fosse manifesta. A regulamentação da nova norma constitucional foi levada a efeito, outrossim, pela Lei n.º 1.533/1951[14], que revogou de forma expressa as disposições sobre a matéria que até então vigiam no Código de Processo Civil de 1939.

Com o advento de novo período de instabilidade política e econômica e a homologação, pelo Congresso Nacional, de projeto de texto previamente elaborado pelos militares, foi outorgada a

---

[12] "Art. 319. Dar-se-á mandado de segurança para defesa e direito certo e incontestável, ameaçado ou violado por ato manifestamente inconstitucional, ou ilegal de qualquer autoridade, salvo do Presidente da República, dos Ministros de Estado, Governadores e Interventores".

[13] "Art. 141 [...] § 24. Para proteger direito líquido e certo não amparado por habeas corpus, conceder-se-á mandado de segurança, seja qual for a autoridade responsável pela ilegalidade ou abuso de poder".

[14] Tal legislação, impende referir, "[...] sofreu destacadas alterações, valendo conferir as perpetradas pelas Leis ns. 4.348/64; 5.021/66 e 6.014/73, dando já evidentes sinais da necessidade de sua reforma. Também sofreu sensível impacto com a Lei n. 35/79, a até então conhecida Lei Orgânica da Magistratura, bem como com a Lei n. 8.437/92, que restringiu a hipótese de concessão liminar em desfavor do ente público". FEICHAS, Roger Vieira; SALVADOR, Sérgio Henrique. *Mandado de segurança*: da teoria à prática. 2. ed. São Paulo: LTr, 2017, p. 26.

Constituição da República Federativa do Brasil de 1967[15]. Embora tenha incluído, na redação do artigo 150, parágrafo 21, uma ressalva no sentido de que o instrumento tinha por finalidade "[...] proteger direito individual [...]", referida constituição, no concernente ao mandado de segurança, não representou, do ponto de vista material, significativo impacto no tocante ao âmbito de incidência da ação, porquanto, como bem pondera a doutrina, a Lei n.º 1.533/1951, embora infraconstitucional, seguia contando com redação mais abrangente[16].

Tanto assim é que, com a superveniência da Emenda Constitucional n.º 1 de 1969, o artigo 153, parágrafo 21, essencialmente retomou a redação que constava da Constituição de 1946, retirando o adjetivo "individual" do suporte fático da norma. No mais, o processo de redemocratização do país, iniciado "ao final da década de 1970 e início dos anos 1980"[17], culminou com a promulgação da Constituição da República Federativa do Brasil de 1988, que, no artigo 5° — responsável por arrolar os direitos e garantias fundamentais, de jaez individual e coletivo, que dão lastro ao Estado Democrático de Direito brasileiro —, confere ao instrumento em comento o seguinte tratamento:

> [...] LXIX – conceder-se-á mandado de segurança para proteger direito líquido e certo, não amparado por *"habeas-corpus"* ou *"habeas-data"*, quando o responsável pela ilegalidade ou abuso de poder for autoridade pública ou agente de pessoa jurídica no exercício de atribuições do Poder Público;

---

[15] SARLET, Ingo Wolfgang; MARINONI, Luiz Guilherme; MITIDIERO, Daniel. *Curso de direito constitucional*. 8. ed. rev. atual. ampl. São Paulo: Saraiva, 2019. *E-book*, p. 315.

[16] BARBI, Celso Agrícola. *Do mandado de segurança*. 10. ed. rev. aum. Rio de Janeiro: Forense, 2001, p. 34.

[17] STÜRMER, Gilberto. *Direito Constitucional do Trabalho no Brasil*. São Paulo: Atlas, 2014, p. 19.

LXX – o mandado de segurança coletivo pode ser impetrado por:

a) partido político com representação no Congresso Nacional;

b) organização sindical, entidade de classe ou associação legalmente constituída e em funcionamento há pelo menos um ano, em defesa dos interesses de seus membros ou associados; [...]

Vislumbra-se, a partir do dispositivo legal retrotranscrito, que a disciplina conferida ao mandado de segurança pela novel Constituição diferencia-se em três pontos daquelas que a precederam: a) o alargamento das hipóteses de não cabimento, que passa a alcançar, também, os casos em que o direito puder ser tutelado pela via do *habeas data*; b) a preocupação em definir quem seja a autoridade coatora; e c) a expressa menção à possibilidade de manejo de ação voltada a tutela coletiva de direitos.

Impende, ademais, fazer alusão à Emenda Constitucional n.º 45/2004, que ao incluir no artigo 114, do Diploma Constitucional, dentre outros, os incisos IV e VII, impactou diretamente a competência da Justiça Especializada do Trabalho, que passou a poder julgar "os mandados de segurança [...] quando o ato questionado envolver matéria sujeita à sua jurisdição" e "as ações relativas às penalidades administrativas impostas aos empregadores pelos órgãos de fiscalização das relações de trabalho", assim viabilizando que os juízos juslaborais de primeiro grau pudessem processar e julgar matéria que, até então, refugia à sua alçada[18].

---

[18] SOARES, Evanna. *Mandado de segurança na Justiça do Trabalho*. São Paulo: LTr, 2011, p. 84. Tanto assim é que, até o advento da supracitada Emenda à Constituição, as previsões existentes na legislação trabalhista no tocante ao *mandamus* se restringiam a afirmar a competência dos Tribunais Regionais do Trabalho e das Seções Especializadas Individual e Coletiva, do Tribunal Superior do Trabalho, para a apreciação da matéria. A saber: a) Consolidação das Leis do Trabalho: "Aos Tribunais Regionais, quando divididos em Turmas, compete: [...] b) processar e julgar originariamente: [...] 3) os mandados de segurança"; b) Lei n.° 7701/88: "Art. 2º. Compete à

As alterações causadas pela referida emenda no âmbito das relações processuais de trabalho foram tão significativas que o Tribunal Superior do Trabalho, à época, publicou a Instrução Normativa n.° 27/2005, cujo propósito foi precisamente o de disciplinar alguns aspectos procedimentais relevantes, de modo a compatibilizar a especialidade dos ritos que passaram a ser de competência da Justiça do Trabalho com a lógica da processualística juslaboral, tratando, exemplificativamente, de temas relacionados a prazo recursal, depósito recursal, custas, honorários periciais e honorários advocatícios[19].

O referido cenário, contudo, foi novamente alterado em razão da promulgação da Lei n.º 12.016/2009, também designada de Lei do Mandado de Segurança, que teve o mérito de concatenar "[...] em um único texto normativo os aspectos mais relevantes, tanto das legislações esparsas aplicáveis, como da jurisprudência predominante dos tribunais brasileiros sobre o mandado de segurança"[20]. Tal norma, não obstante, necessita ser interpretada de forma concatenada com Código de Processo Civil de 2015 — que, embora não traga em seu bojo nenhuma disposição específica no concernente à matéria, há de ser aplicado naquelas hipóteses em que a legislação especial faz alusão ao Código de Processo Civil de 1973, de forma subsidiária

---

seção especializada em dissídios coletivos, ou seção normativa: I - originariamente: [...] d) julgar os mandados de segurança contra os atos praticados pelo Presidente do Tribunal ou por qualquer dos Ministros integrantes da seção especializada em processo de dissídio coletivo" e "Art. 3º. Compete à Seção de Dissídios Individuais julgar: I - originariamente: [...] b) os mandados de segurança de sua competência originária, na forma da lei".

[19] BRASIL. Tribunal Superior do Trabalho. *Instrução Normativa n. 27, de 16 de fevereiro de 2005*. Dispõe sobre procedimentais normas aplicáveis ao processo do trabalho em decorrência da ampliação da competência da Justiça do Trabalho pela Emenda Constitucional nº 45/2004. Diário da Justiça [da] República Federativa do Brasil: seção 1, Brasília, DF, p. 116, 5 jul. 2005. Republicação 1. Disponível em: https://juslaboris.tst.jus.br/bitstream/handle/20.500.12178/3978/2005_in0027_rep01_alterada_2005_res0133.pdf?sequence=6&isAllowed=y. Acesso em: 12 out. 2021.

[20] FUX, Luiz. *Mandado de Segurança*. 2. ed. Rio de Janeiro: Forense, 2019, p. 20.

quanto aos pontos em que ela se omite[21] — e, em menor medida, pela própria Consolidação das Leis do Trabalho, não só porque seu artigo 769[22] é o dispositivo legal responsável por autorizar a aplicação subsidiária do direito processual comum às relações processuais de trabalho, observadas as diretrizes traçadas pela Instrução Normativa n.º 39/2016, do Tribunal Superior do Trabalho[23], mas também porque, em casos muito pontuais, a legislação processual celetista pode ser diretamente aplicada ao *mandamus* pelas Súmulas e Orientações Jurisprudenciais emanadas do Tribunal Superior do Trabalho, haja vista serem elas justamente responsáveis por atualizar a interpretação dos dispositivos celetistas e por coadunar a legislação esparsa à processualística juslaboral.

Uma vez minimamente compreendidas as feições adquiridas e propósitos almejados pelo instituto do mandado de segurança ao longo de sua existência, faz-se possível, no título que segue, buscar determinar qual é a sua natureza jurídica e, com isso, melhor compreender o tipo de provimento e de tutela jurisdicional que dele derivam.

---

[21] MEIRELLES, Hely Lopes; WALD, Arnoldo; MENDES, Gilmar Ferreira. *Mandado de segurança e ações constitucionais*. 36. ed. atual. ampl. São Paulo: Malheiros, 2014, p. 31.

[22] "Art. 769. Nos casos omissos, o direito processual comum será fonte subsidiária do direito processual do trabalho, exceto naquilo em que for incompatível com as normas deste Título".

[23] BRASIL. Tribunal Superior do Trabalho. *Instrução Normativa n. 39 [editada pela Resolução n. 203, de 15 de março de 2016]*. Dispõe sobre as normas do Código de Processo Civil de 2015 aplicáveis e inaplicáveis ao Processo do Trabalho, de forma não exaustiva. Diário Eletrônico da Justiça do Trabalho: caderno judiciário do Tribunal Superior do Trabalho, Brasília, DF, n. 1939, p. 1-4, 16 mar. 2016. Disponível em: https://juslaboris.tst.jus.br/bitstream/handle/20.500.12178/81692/2016_res0203_in0039_compilado.pdf?sequence=4&isAllowed=y. Acesso em: 12 out. 2021.

## 1.2 Natureza jurídica

Embora seja tema que já suscitou significativa discussão em âmbito doutrinário[24], pode-se afirmar que hodiernamente há certo consenso de que o mandado de segurança assume a condição de espécie do gênero "remédio constitucional"[25] e, justamente por figurar como instrumento por meio do qual é possível buscar a tutela jurisdicional, pode ser enquadrado como uma ação constitucional[26].

Essa ação, impera registrar, ainda que busque questionar a legalidade de um ato praticado por autoridade coatora afeta às searas "[...] civil, penal, eleitoral, trabalhista, militar, etc. [...]"[27] e que, como tal, será competente para conhecer da matéria, há de ser processada e julgada como uma ação cível[28]. Esta, embora proporcione uma

---

[24] Nesse sentido, salienta Francisco Antônio de Oliveira que, embora não compactue com tal entendimento, existem autores que limitam a natureza jurídica do mandado de segurança a um remédio jurídico, não lhe reconhecendo o *status* de ação sob o argumento de que "[...] não haveria a figura do réu, como tal não devendo ser considerada a autoridade coatora, já que esta não contesta, mas apenas informa [...]". OLIVEIRA, Francisco Antônio de. *Mandado de segurança e controle constitucional*. 4. ed. São Paulo: LTr, 2012, p. 36. Merece destaque, ademais, o entendimento professado por Alexandre Freitas Câmara, para quem o *mandamuns* se reveste de natureza jurídica dúplice: sob o prisma do direito material, traduz-se em direito fundamental; e sob o prisma do direito processual, representaria um procedimento especial pertencente ao processo de conhecimento. CÂMARA, Alexandre Freitas. *Manual do Mandado de Segurança*. 2. ed. São Paulo: Atlas, p. 18-25.

[25] É o que se extrai da seguinte lição de José Afonso da Silva: "A doutrina e a jurisprudência dão o nome de 'remédios constitucionais' aos *meios* postos à disposição dos indivíduos e cidadãos para provocar a intervenção das autoridades competentes, visando a *sanar, corrigir*, ilegalidades e abusos de poder em prejuízo de seus direitos e interesses. Alguns revelam-se meios de provocar a atividade jurisdicional – e, então, têm a natureza de *ações constitucionais*. São *garantias constitucionais*, em sentido amplo, na medida em que são instrumentos destinados a assegurar o gozo de direitos violados ou em vias de serem violados, ou simplesmente não atendidos". SILVA, José Afonso da. *O constitucionalismo brasileiro*. São Paulo: Malheiros, 2011, p. 181. Grifos do autor.

[26] FEICHAS, Roger Vieira; SALVADOR, Sérgio Henrique. *Mandado de segurança*: da teoria à prática. 2. ed. São Paulo: LTr, 2017, p. 28.

[27] BONOMO JÚNIOR, Aylton; ZANETI JÚNIOR, Hermes. *Mandado de segurança individual e coletivo*. Salvador: JusPodivm, 2019, p. 57.

[28] MEIRELLES, Hely Lopes; WALD, Arnoldo; MENDES, Gilmar Ferreira. *Mandado de segurança e ações constitucionais*. 36. ed. atual. ampl. São Paulo: Malheiros, 2014, p. 31.

cognição plena quanto ao objeto litigioso do processo e exauriente quanto às provas cuja produção é admitida nos autos, tem como traço característico a adoção de rito especial, este, sim, de caráter sumário[29].

No tocante a seus efeitos, partindo-se da classificação quinária trazida por Pontes de Miranda — o qual, como é cediço, divide as ações em declaratórias, constitutivas, condenatórias, mandamentais e executivas —, bem assim tendo-se em conta a ressalva, levada a efeito pelo mesmo autor, de que a relação estabelecida entre cada classe é de preponderância, e não de exclusão[30], é possível observar a existência de posicionamento majoritário no sentido de que a ação de segurança tem natureza mandamental, haja vista que em seu bojo sempre será emitida uma ordem direcionada à autoridade coatora determinando que ela adote ou deixe de adotar determinada conduta[31].

Não obstante, merece registro a existência de entendimentos outros, os quais vão desde aqueles que reconhecem no *writ* eficácia preponderantemente *declaratória*, sobretudo quando "[...] não for conhecida a segurança requerida, seja pela falta de requisitos ao julgamento do mérito, seja pela inexistência do direito alegado"[32]; *executiva*, porquanto o julgador, presentes os pressupostos da ação, estaria obrigado a executar a ordem por si proferida; ou mesmo *constitutiva*, haja vista que o provimento jurisdicional pode se prestar à

---

[29] Quanto ao tema, adverte Luiz Fux que "no Mandado de Segurança, tem-se que, apesar da sumariedade de seu rito, a cognição do juiz é plena (não sofre limitação em seu objeto) e exauriente *secundum eventum probationis* (a profundidade da cognição está condicionada à existência de elementos probatórios suficientes). É, assim, um rito sumário que não se baseia em cognição sumária, mas, sim, exauriente e, portanto, apto a produzir coisa julgada". FUX, Luiz. *Mandado de Segurança*. 2. ed. Rio de Janeiro: Forense, 2019, p. 33.

[30] MIRANDA, Pontes de. *Tratado das ações*. São Paulo: Revista dos Tribunais, 2016. Tomo I, p. 159.

[31] MIRANDA, Pontes de. *Tratado das ações*. São Paulo: Revista dos Tribunais, 2016. Tomo I, p. 335; FUX, Luiz. *Mandado de Segurança*. 2. ed. Rio de Janeiro: Forense, 2019, p. 32;

[32] BEBBER, Julio Cesar. *Mandado de segurança individual e coletivo na Justiça do Trabalho*. 3. ed. rev. atual. São Paulo: Linotec Produção Editorial, 2020, p. 23.

anulação do ato coator[33]; até outros, que sustentam que a subclasse do mandado de segurança necessita ser aferida diante do caso concreto, "[...] dependendo do tipo de provimento desejado pelo impetrante a sua caracterização em uma das espécies aludidas"[34].

Tendo-se estabelecido, nas linhas precedentes, premissa de acordo com a qual o tipo de provimento jurisdicional de que se reveste o *mandamus* é consequência direta da pretensão deduzida pela parte impetrante, passa-se, na sequência, a discorrer, justamente, acerca dos efeitos (preventivos e/ou repressivos) e da abrangência (individual e/ou coletiva) dos quais ela se reveste.

## 1.3 Classificação quanto aos efeitos produzidos e à abrangência da tutela jurisdicional

A partir das considerações até o momento tecidas, é possível vislumbrar que o mandado de segurança é instituto passível de ser classificado quer no que diz respeito aos efeitos pretendidos pelo impetrante, quer no que tange à abrangência da tutela jurisdicional pleiteada.

No tocante ao primeiro dos critérios objetivos mencionados, tem-se que, com fundamento na redação do próprio artigo 5°, inciso LXIX, da Constituição Federal, o *mandamus* será considerado repressivo quando a conduta da autoridade coatora já houver violado direito líquido e certo de um indivíduo ou da coletividade, que, por isso,

---

[33] TEIXEIRA FILHO, Manuel Antônio. *Mandado de segurança na Justiça do Trabalho* – individual e coletivo. 4. ed. São Paulo: LTr, 2017, p. 102-103.

[34] LOPES, Mauro Luís Rocha. *Comentários à Nova Lei do Mandado de Segurança*. Rio de Janeiro: Impetus, 2009, p. 6.

veem-se obrigados a recorrer ao Poder Judiciário para fazer cessar tal prática.[35]

Com fundamento, outrossim, na interpretação conjunta do artigo 5°, inciso XXXV, da CF, e do artigo 1°, da Lei n.º 12.016/2009[36], designa-se preventivo o mandado de segurança fundado em justo receio, pelo titular, de que seu direito líquido e certo venha a ser violado pela autoridade coatora.[37]

Aqui merece de pronto ser registrado que, diante da subjetividade da expressão "justo receio", tem se consolidado entendimento no sentido de que a ameaça ou iminência da lesão autorizadora do manejo do *writ* deva ser "[...] real e objetiva, traduzida em atos da Administração preparatórios ou mesmo indicativos da tendência da autoridade pública a praticar o ato (ou a se omitir deliberadamente, quando esteja obrigada a agir)"[38], bem como atual, assim considerada como aquela que está "[...] presente no momento em que o juiz aprecia o pedido formulado pelo impetrante"[39].

Note-se, ademais, que, enquanto o desaparecimento da situação de ameaça a direito líquido e certo autorizadora da impetração de mandado de segurança invariavelmente implicará a carência de ação

---

[35] ARAÚJO, José Henrique Mouta. *Mandado de segurança*. 7. ed. rev. ampl. atual. Salvador: JusPodivm, 2018, p. 281.

[36] "Art. 1º. Conceder-se-á mandado de segurança para proteger direito líquido e certo, não amparado por habeas corpus ou habeas data, sempre que, ilegalmente ou com abuso de poder, qualquer pessoa física ou jurídica sofrer violação ou houver justo receio de sofrê-la por parte de autoridade, seja de que categoria for e sejam quais forem as funções que exerça".

[37] DANTAS, Paulo Roberto de Figueiredo. *Direito processual constitucional*. 8. ed. São Paulo: Saraiva, 2018. *E-book*, p. 338.

[38] LOPES, Mauro Luís Rocha. *Comentários à Nova Lei do Mandado de Segurança*. Rio de Janeiro: Impetus, 2009, p. 16.

[39] TEIXEIRA FILHO, Manuel Antônio. *Mandado de segurança na Justiça do Trabalho* – individual e coletivo. 4. ed. São Paulo: LTr, 2017, p. 106.

motivada por ausência de interesse processual[40], "a circunstância de a alegada ameaça de lesão ao direito pretensamente titularizado pelo impetrante ter-se convolado em ato concreto não acarreta perda de objeto da ação"[41].

A segunda classificação passível de ser trazida à baila, a seu turno, encontra-se intrinsecamente vinculada à figura de seus legitimados ativos e ao âmbito de abrangência da tutela jurisdicional postulada.[42] Assim, quando se prestar o remédio processual à proteção de posição jurídica de titularidade da figura do impetrante — e, em situações excepcionais, de terceiro que venha a substituí-lo processualmente[43] —, o mandado de segurança será individual[44], ao passo que será intitulado de coletivo quando o ato ilegal praticado pela autoridade coatora tiver o condão de ferir ou ameaçar de lesão, direitos[45] líquidos e certos de uma coletividade de sujeitos.

---

[40] TEIXEIRA FILHO, Manuel Antônio. *Mandado de segurança na Justiça do Trabalho* – individual e coletivo. 4. ed. São Paulo: LTr, 2017, p. 106.

[41] BRASIL. Supremo Tribunal Federal. *Mandado de Segurança n.° 30.260. Ação Direta de Inconstitucionalidade n.º 5.766/DF.* Mandado de segurança preventivo. Constitucional. Suplentes de deputado federal. Ordem de substituição fixada segundo a ordem da coligação. Rejeição das preliminares de ilegitimidade ativa e de perda do objeto da ação. Ausência de direito líquido e certo. Segurança denegada. Impetrante: Carlos Victor da Rocha Mendes. Impetrado: Presidente da Câmara dos Deputados e outros. Relatora: Ministra Carmen Lúcia. Julgado em: 27 abr. 2011. Disponível em: https://portal.stf.jus.br/processos/detalhe.asp?incidente=4014471. Acesso em: 10 mai. 2021.

[42] FEICHAS, Roger Vieira; SALVADOR, Sérgio Henrique. *Mandado de segurança*: da teoria à prática. 2. ed. São Paulo: LTr, 2017, p. 28.

[43] Trata-se de hipótese prevista no artigo 3°, da Lei n.° 12.016/2009, que, por estar intimamente vinculada à temática dos legitimados ativos para a impetração da ação de segurança, é objeto de trato específico no título "2.2.1 Legitimidade ativa" deste estudo.

[44] SOARES, Evanna. *Mandado de segurança na Justiça do Trabalho.* São Paulo: LTr, 2011, p. 71.

[45] A doutrina pátria se mostra bastante divergente no debate acerca da equivalência ou não entre interesses e direitos coletivos. Enquanto em um polo é possível encontrar autores que, como J. E. Carreira Alvim, sustentam que a distinção, desde um ponto de vista técnico, efetivamente existe, elucidando que "[...] o *direito subjetivo* é o interesse protegido d*iretamente* pela norma jurídica, reconhecendo-o a um titular determinado, enquanto, no *interesse legítimo*, o objeto da tutela não

Impende salientar que, embora o mandado de segurança coletivo somente tenha sido formalmente introduzido no ordenamento jurídico pátrio com o advento da Constituição Federal de 1988, a influência exercida pela segunda onda do movimento de acesso à justiça — que reconheceu na tutela coletiva de direitos uma forma de assegurar que mais pessoas pudessem reivindicar seus direitos e resolver seus litígios[46] —, o arcabouço normativo formado pelo microssistema de processo coletivo (notadamente em razão da previsão constante do artigo 21, da Lei da Ação Civil Pública, que expressamente estende "[...] à defesa dos direitos e interesses difusos, coletivos e individuais, no que for cabível, os dispositivos do Título III da Lei que institui o Código de Defesa do Consumidor", e do artigo 83, do Código de Defesa do Consumidor, segundo o qual "para a defesa dos direitos e interesses protegidos por este código são admissíveis todas as espécies de ações capazes de propiciar sua adequada e efetiva tutela") e pelo princípio da máxima efetividade das normas constitucionais, extraído do artigo 5°, parágrafo primeiro, do texto constitucional em vigor[47], já viabilizava que a omissão legislativa fosse suprida pelos operadores

---

é um direito subjetivo, mas, uma *situação jurídica* traduzida num interesse público, de forma que, tutelado esse *interesse jurídico*, a norma jurídica protege, reflexamente, eventuais direitos individuais nele coligados" (ALVIM, J. E. Carreira. *Mandado de segurança coletivo*. Curitiba: Juruá, 2018, p. 18. Grifos do autor), outros autores há, como é o caso de Kazuo Watanabe, que, com fundamento essencialmente nas disposições do artigo 81 do Código de Defesa do Consumidor, afirmam não haver distinção entre interesses e direitos transindividuais, vez que "[...] a partir do momento em que passam a ser amparados pelo direito, os 'interesses' assumem o mesmo *status* de 'direitos' desaparecendo qualquer razão prática, e mesmo teórica, para a busca de uma diferenciação ontológica entre eles". WATANABE, Kazuo, Disposições Gerais. *In*: GRINOVER, Ada Pellegrini *et al. Código brasileiro de defesa do consumidor*: comentado pelos autores do anteprojeto. 8. ed. Rio de Janeiro: Forense Universitária, 2005, p. 790-874, p. 800.

[46] CAPPELLETTI, Mauro; GARTH, Bryant. *Acesso à justiça*. Tradução de Ellen Gracie Northfleet. Porto Alegre: Fabris, 1998, p. 8 e p. 49-51.

[47] "Art. 5°. [...] § 1°. As normas definidoras dos direitos e garantias fundamentais têm aplicação imediata".

do Direito, que, no ponto, aplicavam "[...] ao mandado de segurança coletivo toda a sistemática concernente ao *writ* individual"[48].

Feitas essas considerações, registra-se, por relevante, que, além da sobredita previsão constitucional, o *mandamus* coletivo hodiernamente se vê regulamentado pela Lei n.º 12.016/2009, a qual, em particular no artigo 21[49], indica que os bens jurídicos tutelados por essa espécie de ação de segurança estariam adstritos aos direitos individuais homogêneos[50] (os quais, além de necessitarem derivar de uma origem comum, como dispõe o artigo 81, inciso III, do Código de Defesa do Consumidor, no caso específico da ação de segurança, devem decorrer da atividade ou de situação específica que afete o todo ou uma parcela dos associados ou membros do substituto processual responsável por sua impetração)

---

[48] FUX, Luiz. *Mandado de Segurança*. 2. ed. Rio de Janeiro: Forense, 2019, p. 205.

[49] "Art. 21. O mandado de segurança coletivo pode ser impetrado por partido político com representação no Congresso Nacional, na defesa de seus interesses legítimos relativos a seus integrantes ou à finalidade partidária, ou por organização sindical, entidade de classe ou associação legalmente constituída e em funcionamento há, pelo menos, 1 (um) ano, em defesa de direitos líquidos e certos da totalidade, ou de parte, dos seus membros ou associados, na forma dos seus estatutos e desde que pertinentes às suas finalidades, dispensada, para tanto, autorização especial. Parágrafo único. Os direitos protegidos pelo mandado de segurança coletivo podem ser: I - coletivos, assim entendidos, para efeito desta Lei, os transindividuais, de natureza indivisível, de que seja titular grupo ou categoria de pessoas ligadas entre si ou com a parte contrária por uma relação jurídica básica; II - individuais homogêneos, assim entendidos, para efeito desta Lei, os decorrentes de origem comum e da atividade ou situação específica da totalidade ou de parte dos associados ou membros do impetrante".

[50] Trata-se, em realidade, de direitos que são individuais e divisíveis, embora possuam uma mesma origem. Assim, apenas por uma questão de "[...] política legislativa, passam a ser objeto de proteção através de mecanismos de tutela coletiva". CÂMARA, Alexandre Freitas. *Manual do Mandado de Segurança*. 2. ed. São Paulo: Atlas, p. 354. Essa política legislativa, segundo estabelecem Sérgio Cruz Arenhart e Gustavo Osna, encontra lastro em três fundamentos: a) "[...] *facilitação de acesso ao Judiciário de questões que, de outra forma, não poderiam ser judicializadas*"; b) [...] o *tratamento uniforme* de situações que podem se enquadrar na mesma hipótese normativa; e c) "[...] racionalizar a distribuição da prestação jurisdicional: (i) evitando a necessidade de manifestações judiciárias idênticas em casos dispersos; (ii) evitando gasto de recursos judiciários para tratar questões já resolvidas; (iii) otimizando o tempo da prestação de serviços públicos; e (iv) reduzindo o excesso de demandas a serem examinadas pelo Poder Judiciário". ARENHART, Sérgio Cruz; OSNA, Gustavo. *Curso de processo civil coletivo*. São Paulo: Thomson Reuters, 2019, p. 75-77. Grifos dos autores.

e aos direitos coletivos *stricto sensu*, os quais, nos moldes do inciso II, do artigo 81 do diploma consumerista, dizem respeito àqueles direitos indivisíveis "de que seja titular grupo, categoria ou classe de pessoas indeterminadas, mas determináveis (frise-se, enquanto grupo, categoria ou classe determinável), ligadas entre si , ou com a parte contrária, por uma relação jurídica base"[51].

A evidente falta de contemplação dos direitos difusos — compreendidos, a teor do artigo 81, inciso I, do Código de Defesa do Consumidor, como aqueles que, sendo também espécie de direito coletivo, caracterizam-se pela indivisibilidade e indeterminação dos seus titulares, que são entre si vinculados unicamente por uma circunstância de fato, e, até o advento da Lei n.º 12.016/2009, reconhecidamente tuteláveis pela via do *writ* no tocante aos partidos políticos[52] e ao Ministério Público[53] — não tardou a gerar embates doutrinários.

É possível verificar, quanto ao tema, desde pensamentos mais conservadores, que sustentam a existência de uma "[...]

---

[51] DIDIER JÚNIOR, Fredie. ZANETI JÚNIOR, Hermes. *Curso de direito processual civil*: processo coletivo. 12. ed. Salvador: JusPodivm, 2018, v.4, p. 76.

[52] Isso porque, embora a alínea "b", do art. 5°, inciso LXX, do texto constitucional, tenha evidenciado que, com relação às organizações sindicais, entidades de classe e associações, a impetração do *mandamus* necessita estar relacionada à defesa dos interesses de seus membros ou associados (o que, por uma questão de lógica, excluiria os interesses difusos, dado o traço de indeterminação do seu titular), o mesmo não se dá com relação aos partidos políticos, previstos na alínea "a" do mesmo dispositivo, com relação aos quais "[...] nada se dispôs acerca do objeto por eles tutelável, o que conduziu à fácil conclusão de que todos os direitos da comunidade compatíveis com a finalidade institucional da entidade político-partidária poderiam ser protegidos por meio do mandado coletivo. Tanto os *difusos* como os *coletivos* em sentido estrito contariam com o remédio constitucional, e não apenas os pertinentes aos membros do partido. Bastaria que os direitos transindividuais envolvessem os valores fundamentais enumerados no art. 17 da Constituição e reafirmados no art. 1º da Lei Orgânica dos Partidos Políticos (Lei nº 9.069/1995), e pudessem ser comprovados liminarmente, de modo a conferir-lhes o caráter de liquidez e certeza". THEODORO JÚNIOR, Humberto. *Lei do Mandado de Segurança comentada*: artigo por artigo. 2. ed. Rio de Janeiro: Forense, 2019. *E-book*, p. 383).

[53] Aqui, faz-se alusão à decisão proferida pelo Superior Tribunal de Justiça, que expressamente afirmou que, "hodiernamente, após a constatação da importância e dos inconvenientes da legitimação isolada do cidadão, não há mais lugar para que o veto da *lagitimatio ad causam* do

incompatibilidade entre a indeterminação dos titulares do direito, que caracteriza a situação difusa, e a ideia de certeza e liquidez do direito exigida pelo mandado de segurança"[54], até outros mais adeptos de uma interpretação conforme a Constituição[55], que afirmam que "[...] na exata medida em que algum dos legitimados para a impetração comprove sua aptidão de representar adequadamente em juízo todos aqueles que, em alguma medida, podem vir a ser afetados pelo ato que se quer questionar perante o Estado-juiz [...]"[56], há de ser reconhecida a possibilidade de que o mandado de segurança coletivo tutele, também, os direitos difusos.

Sendo possível compreender, a partir das considerações até o momento tecidas, o que o mandado de segurança representa para o direito pátrio e os espaços que ocupa, faz-se possível passar a discorrer acerca de tema de extrema relevância para a matéria em comento: as condições (gerais e específicas) da chamada ação de segurança.

---

MP para a Ação Popular, Ação Civil Pública ou o Mandado de Segurança coletivo. BRASIL. Superior Tribunal de Justiça. RESP n.º 401964/RO. Relator: Ministro Luiz Fux. Julgado em: 22 out. 2002.

[54] SOARES, Evanna. *Mandado de segurança na Justiça do Trabalho*. São Paulo: LTr, 2011, p. 74.

[55] CÂMARA, Alexandre Freitas. *Manual do Mandado de Segurança*. 2. ed. São Paulo: Atlas, p. 362.

[56] BUENO, Cássio Scarpinella. *A nova lei do mandado de segurança*. 2. ed. rev. atual. ampl. São Paulo: Saraiva, 2011, p. 171.

# CONDIÇÕES DA AÇÃO

Tendo já sido minimamente delineado o instituto do mandado de segurança a partir dos aportes efetuados no título precedente, faz-se possível, à guisa de sequência, passar ao exame das suas condições da ação.

Para tanto, inicia-se tal abordagem proposta pelo direito líquido e certo que, não sem dissenso doutrinário quanto à questão, é considerado como condição da ação específica da ação de segurança. Em seguida, são apresentados os legitimados ativos e passivos dos mandados de segurança individuais e coletivos, discorrendo-se igualmente, diante da aderência do tema, sobre as modalidades de intervenção de terceiros admitidas. Por fim, sob o pano de fundo do interesse de agir, são abordadas questões atinentes ao ato coator — e o cabimento do mandado de segurança em face dos atos administrativos, legislativos e jurisdicionais —, bem como aos requisitos da existência de ilegalidade ou abuso de poder, encerrando-se as colocações com a análise daqueles casos em que a Justiça Especializada do Trabalho não admite o manejo da ação de segurança.

## 2.1 O direito líquido e certo como condição especial da ação

A compreensão do que, de fato, constitua direito líquido e certo representa, para autorizada doutrina[57], peça fundamental do estudo do mandado de segurança. As controvérsias que envolvem o tema, não obstante, aparentam ser diretamente proporcionais à sua relevância, iniciando-se já no que pertine à sua natureza jurídica, perpassando por seu real significado e desaguando na (im)possibilidade de emenda da petição inicial quando de sua ausência.

Quanto à primeira controvérsia mencionada, tem-se que, embora prepondere entre os operadores do Direito o entendimento de que se está diante de uma condição especial da ação[58] atrelada ao interesse processual em sua dimensão de adequação[59] — de modo que, constatada sua ausência pelo Juízo, o processo há de ser extinto sem resolução do mérito, com fulcro no artigo 485, inciso VI, do Código de Processo Civil. Não produzirá coisa julgada material, portanto,

---

[57] VELLOSO, Carlos Mario da Silva. Do Mandado de Segurança. *Revista da Faculdade de Direito da Universidade Federal de Minas Gerais*, Belo Horizonte, n. 22, 1979, p. 81-114, p. 86.

[58] AGRA, Walber de Moura. *Curso de direito constitucional*. 9. ed. Belo Horizonte: Fórum, 2018, p. 276.

[59] No entender de Candido Rangel Dinamarco, "[...] só se legitima o acesso ao processo e só é lícito exigir do Estado o pronunciamento de mérito pedido na medida em que ele possa ter essa utilidade e essa aptidão. Interesse, em direito, é *utilidade*. Há dois fatores sistemáticos muito úteis para a aferição do interesse de agir, como *indicadores* de sua presença em casos concretos: a *necessidade* da realização do processo e a *adequação* do provimento jurisdicional postulado. Só há o *interesse-necessidade* quando sem o processo e sem o exercício da jurisdição o sujeito seria incapaz de obter o bem desejado". DINAMARCO, Cândido Rangel; LOPES, Bruno Vasconcelos Carrilho. *Teoria Geral do Novo Processo Civil*. 2. ed. rev. atual. São Paulo: Malheiros, 2017, p. 117. Grifos do autor.

e assegurará ao impetrante a possibilidade de ajuizar nova ação de segurança, desde que o prazo legal para a prática de tal ato ainda não haja se esgotado, ou mesmo de lançar mão de ação ordinária para ver apreciada sua pretensão[60] —, também é possível encontrar autores que sustentam que o direito líquido e certo se traduz em pressuposto processual[61], ou mesmo em questão de mérito[62].

Já a segunda envolve o reconhecimento, por parte da doutrina, de que a expressão "direito líquido e certo", utilizada pelo legislador no artigo 5°, inciso LXIX, da CF, e no artigo 1°, da Lei n.º 12.016/2009, não prima pela melhor técnica.[63] A uma, porque, a rigor, toda lide ajuizada dá azo a uma sentença que, entre outros possíveis efeitos, declara a existência ou certeza de um direito, de sorte que tal característica não poderia ser utilizada como critério objetivo para definir o cabimento do mandado de segurança. A duas, porque a liquidez de um direito

[60] É o que se infere do artigo 6°, parágrafo sexto, da Lei n.° 12.016/2009: "O pedido de mandado de segurança poderá ser renovado dentro do prazo decadencial, se a decisão denegatória não lhe houver apreciado o mérito", bem assim da lição de: LOPES, Mauro Luís Rocha. *Comentários à Nova Lei do Mandado de Segurança*. Rio de Janeiro: Impetus, 2009, p. 14; THEODORO JÚNIOR, Humberto. *Lei do Mandado de Segurança comentada*: artigo por artigo. 2. ed. Rio de Janeiro: Forense, 2019. *E-book*, p. 62.

[61] Nesse sentido, colaciona-se o entendimento de Leonardo Greco: "O direito líquido e certo no mandado de segurança diz respeito à desnecessidade de dilação probatória para elucidação dos fatos em que se fundamenta o pedido. Trata-se de pressuposto processual objetivo (adequação do procedimento) que não subtrai do autor o direito à jurisdição sobre o litígio, mas apenas invalida a sua busca através da via do mandado de segurança". GRECO, Leonardo. *Teoria da ação no processo civil*. São Paulo: Dialética, 2003, p. 44.

[62] Valendo-se da teoria do *status assertionis*, argumenta Alexandre Freitas Câmara que as condições da ação seriam analisadas pelo Juízo competente unicamente com supedâneo nas alegações tecidas pela parte autora na peça exordial. Se plausíveis, estariam presentes as condições da ação e, caso contrário, devem ser tidas por ausentes e levar à extinção do feito sem resolução do mérito. Nesse contexto, pois, por considerar que a aferição da existência ou não de direito líquido e certo é efetuada pelo julgador após o exame da prova pré-constituída carreada aos autos, sendo endereçada por ocasião da prolação da sentença, estaria ele vinculado ao mérito da causa. CÂMARA, Alexandre Freitas. *Manual do Mandado de Segurança*. 2. ed. São Paulo: Atlas, p. 101-106.

[63] MEIRELLES, Hely Lopes; WALD, Arnoldo; MENDES, Gilmar Ferreira. *Mandado de segurança e ações constitucionais*. 36. ed. atual. ampl. São Paulo: Malheiros, 2014, p. 37.

encontra-se atrelada ao seu valor, à sua quantificação, que, como é cediço, refoge ao escopo do *mandamus*.[64]

Precisamente por essa razão, o direito líquido e certo já foi compreendido — equivocadamente — como aquele que, de tão evidente, não poderia ser contestado pela autoridade coatora ou, ainda, como aquele que diria respeito a questões juridicamente simplórias e que, portanto, não seriam passíveis de maior discussão. Esses entendimentos em muito restringiriam o uso do *writ* e, por isso, não estariam em consonância com a pretensão do legislador originário.[65]

Hodiernamente, predomina o entendimento de que, em realidade, o que exige o mandado de segurança é que os fatos sobre os quais versa a lide sejam demonstrados pelo impetrante por meio de prova pré-constituída, em especial do tipo documental[66], que tenha o condão de torná-los imediatamente incontroversos, já que o rito adotado não admite dilação probatória.[67] Isso porque, nesse cenário, apenas o direito que decorre da subsunção desses fatos ao

---

[64] BUZAID, Alfredo. Do mandado de segurança. *Revista De Direito Administrativo*, n. 44, 1956, p. 33.

[65] LOPES, Mauro Luís Rocha. *Comentários à Nova Lei do Mandado de Segurança*. Rio de Janeiro: Impetus, 2009, p. 9.

[66] Diz-se "em especial" porque a própria Lei n.° 12.016/09 faz menção à necessidade de que a petição inicial do mandado de segurança seja acompanhada especificamente de prova documental; também nesse sentido se firma a majoritária posição da doutrina. QUINTANILHA, Gabriel Sant'Anna. *Mandado de segurança no direito tributário*. 2. ed. São Paulo: Saraiva, 2017. *E-book*, p. 32; TEMER, Michel. *Elementos de Direito Constitucional*. 2. ed. São Paulo: Malheiros, 2008, p. 188. Há, ainda, entendimento minoritário no sentido de que "as provas tendentes a demonstrar a liquidez e certeza do direito podem ser de todas as modalidades admitidas em lei [...]". MEIRELLES, Hely Lopes; WALD, Arnoldo; MENDES, Gilmar Ferreira. *Mandado de segurança e ações constitucionais*. 36. ed. atual. ampl. São Paulo: Malheiros, 2014, p. 37.

[67] NEVES, Daniel Amorim Assumpção. *Manual de processo coletivo*. Salvador: JusPodivm, 2020, p. 91.

suporte fático da norma passa a ser objeto de controvérsia, pouco importando, por essa razão, seu grau de complexidade[68].

Casos haverá, contudo — e tal circunstância é bem evidenciada pelo artigo 6°, parágrafo primeiro, da Lei n.º 12.016/2009[69] —, em que, por se encontrar a prova documental pré-constituída em uma repartição, em estabelecimento público, em poder de autoridade que se negue a fornecer a correspondente certidão, ou mesmo em poder de terceiros, o impetrante será dispensado de apresentá-la conjuntamente com a petição inicial, incumbindo-lhe, não obstante, informar ao Juízo a impossibilidade de acesso ao documento e requerer a exibição do original ou de cópia autenticada.

Por fim, tem-se que, enquanto uma parcela da doutrina firma entendimento de que a ausência ou a insuficiência de prova pré-constituída do fato incontroverso apto a demonstrar a liquidez e certeza do direito violado ou ameaçado devem levar à imediata extinção da ação, com fundamento no artigo 10, da Lei n.º 12.016/2009 — que estabelece que a inicial será indeferida quando faltar ao mandado de segurança algum de seus requisitos legais[70] —, na Súmula n.º 415, do Tribunal Superior do Trabalho (que prevê que a ausência de prova documental ou de sua autenticação não pode ser suprida

---

[68] Nesse sentido, conta-se com a Súmula n.° 625, do Supremo Tribunal Federal: "Mandado de segurança. Matéria de direito. Concessão. Admissibilidade. Lei 1.533/1951, art. 1º. CF/88, art. 5º, LXIX. Controvérsia sobre matéria de direito não impede concessão de mandado de segurança".

[69] "Art. 6°. [...] § 1º. No caso em que o documento necessário à prova do alegado se ache em repartição ou estabelecimento público ou em poder de autoridade que se recuse a fornecê-lo por certidão ou de terceiro, o juiz ordenará, preliminarmente, por ofício, a exibição desse documento em original ou em cópia autêntica e marcará, para o cumprimento da ordem, o prazo de 10 (dez) dias. O escrivão extrairá cópias do documento para juntá-las à segunda via da petição".

[70] LOPES, Mauro Luís Rocha. *Comentários à Nova Lei do Mandado de Segurança*. Rio de Janeiro: Impetus, 2009, p. 13. ARAÚJO, José Henrique Mouta. *Mandado de segurança*. 7. ed. rev. ampl. atual. Salvador: JusPodivm, 2018, p. 47; QUINTANILHA, Gabriel Sant'Anna. *Mandado de segurança no direito tributário*. 2. ed. São Paulo: Saraiva, 2017. *E-book*, p. 34.

por emenda à inicial[71]) e no argumento de que a extinção da demanda sem resolução de mérito não prejudicaria o exercício do direito de ação[72] — eis que, como visto, é possível a propositura superveniente de outro *writ* ou ação ordinária, a depender do transcurso ou não do prazo legal —, outra vertente, amparada no modelo de tutela jurisdicional cooperativa estabelecido pelo Código de Processo Civil em vigor (do qual deriva a obrigação do julgador de primar pelo julgamento de mérito e de prevenir as partes quanto a eventuais vícios que maculem os atos processuais[73]), sustenta a necessidade de que o julgador, nos mesmos moldes do artigo 321 do Diploma Processual Cível[74], confira ao impetrante prazo de 15 (quinze) dias para que sane o vício[75] ou ainda lhe oportunize a conversão do rito especial em ordinário[76].

Mais bem compreendida a imprescindibilidade de que a ação de segurança venha acompanhada da possibilidade de demonstração de lesão ou ameaça de lesão a direito líquido e certo, cumpre, à continuação, discorrer acerca da legitimidade para a causa e do interesse de agir,

---

[71] "Mandado de segurança. Art. 284 do CPC. Aplicabilidade [...] Exigindo o mandado de segurança prova documental pré-constituída, inaplicável se torna o art. 284 do CPC quando verificada, na petição inicial do "mandamus", a ausência de documento indispensável ou de sua autenticação".

[72] BUZAID, Alfredo. Do mandado de segurança. *Revista De Direito Administrativo*, n. 44, 1956, p. 35.

[73] MAZZOLA, Marcelo. *Tutela jurisdicional colaborativa*. Curitiba: CRV, 2017, p. 144-145 e 151-152.

[74] "Art. 321. O juiz, ao verificar que a petição inicial não preenche os requisitos dos arts. 319 e 320 ou que apresenta defeitos e irregularidades capazes de dificultar o julgamento de mérito, determinará que o autor, no prazo de 15 (quinze) dias, a emende ou a complete, indicando com precisão o que deve ser corrigido ou completado. Parágrafo único. Se o autor não cumprir a diligência, o juiz indeferirá a petição inicial".

[75] THEODORO JÚNIOR, Humberto. *Lei do Mandado de Segurança comentada*: artigo por artigo. 2. ed. Rio de Janeiro: Forense, 2019. *E-book*, p. 63.

[76] BONOMO JÚNIOR, Aylton; ZANETI JÚNIOR, Hermes. *Mandado de segurança individual e coletivo*. Salvador: JusPodivm, 2019, p. 64-65.

então condições exigidas para a recepção e o processamento de toda e qualquer ação submetida à tutela jurisdicional pátria.

## 2.2 Legitimidade para a causa

Como é sabido, a legitimidade para a causa pressupõe "[...] a correspondência, ou identidade, entre os dois sujeitos da relação processual (autor e réu) e os sujeitos da relação de direito material discutida em determinado processo"[77], sendo aferida pelo julgador em abstrato. O mandado de segurança, como ação de conhecimento que é, submete-se às mesmas regras previstas quanto à matéria pelo Código de Processo Civil, que, aliás, é expressamente mencionado no artigo 24, da Lei n.º 12.016/2009.

Nesse passo, nos títulos que seguem, cumpre abordar, ainda que de forma deveras sumarizada, a legitimidade ativa e passiva em mandado de segurança individual e coletivo, realizando-se os aportes necessários também com relação à (im)possibilidade de adoção de certas modalidades de intervenção de terceiros.

### *2.2.1 Legitimidade ativa*

Infere-se, a partir do que dispõe o artigo 1°, *caput*, da Lei n.° 12.016/2009, que são legitimadas para impetrar mandado de segurança, notadamente aquele de jaez individual, as pessoas físicas ou jurídicas (estas de direito público ou privado) cujos direitos líquidos e certos hajam sido violados ou se encontrem na iminência de sê-lo, em razão de conduta ilegal ou abusiva praticada por autoridade coatora. Quanto a isso, acrescenta a doutrina ser indiferente, em razão da redação

---

[77] GOMES, Fábio. *Carência de ação*: doutrina, comentários ao CPC, análise da jurisprudência. São Paulo: Revista dos Tribunais, 1999, p. 41.

do artigo 5°, incisos LXIX e LXX, da CF, a nacionalidade e/ou local do domicílio/sede do impetrante[78].

No tocante às pessoas físicas, prepondera[79] entendimento no sentido de que, em caso de falecimento do impetrante, dado o caráter personalíssimo dos direitos tutelados pelo *mandamus*, não é admitida a habilitação de seus sucessores no processo, devendo o feito ser extinto sem resolução do mérito e sem prejuízo do ajuizamento de ação ordinária posterior.[80] Já no que pertine às pessoas jurídicas, admite-se o prosseguimento da ação de segurança nos casos de fusão ou incorporação.[81]

Aos legitimados ativos retromencionados, outrossim, somam-se os órgãos públicos despersonalizados — como é o caso das mesas de Câmaras Legislativas; da Presidência de tribunais; das chefias do poder Executivo e do Ministério Público; e das comissões autônomas — e as universalidades previstas em Lei (caso do espólio, herança, condomínios e massas falidas)[82].

Pois bem, uma vez indicados aqueles que figuram como os principais legitimados para a impetração do mandado de segurança,

---

[78] FEICHAS, Roger Vieira; SALVADOR, Sérgio Henrique. *Mandado de segurança*: da teoria à prática. 2. ed. São Paulo: LTr, 2017, p. 39.

[79] Há autores que admitem excepcionalmente a sucessão processual nos casos em que: a) o falecimento ocorra após a concessão da segurança, mas quando ainda estiver pendente o cumprimento de obrigações pecuniárias. BONOMO JÚNIOR, Aylton; ZANETI JÚNIOR, Hermes. Mandado de segurança individual e coletivo. Salvador: JusPodivm, 2019, p. 122; e b) em que o ato que feriu ou ameaçou direito líquido e certo tenha sido praticado por autoridade judiciária, no curso de um processo. CÂMARA, Alexandre Freitas. Manual do Mandado de Segurança. 2. ed. São Paulo: Atlas, p. 41.

[80] FUX, Luiz. *Mandado de Segurança*. 2. ed. Rio de Janeiro: Forense, 2019, p. 40.

[81] ARAÚJO, José Henrique Mouta. *Mandado de segurança*. 7. ed. rev. ampl. atual. Salvador: JusPodivm, 2018, p. 184.

[82] OLIVEIRA, Francisco Antônio de. *Mandado de segurança e controle constitucional*. 4. ed. São Paulo: LTr, 2012, p. 84.

cumpre observar que se admite, quanto a eles, a formação de litisconsórcio ativo, sempre na modalidade facultativa, contanto que seja originário. E isso se dá porque, a teor do artigo 10, parágrafo segundo, da Lei n.º 12.016/2009[83], pretendeu o legislador evitar situações nas quais pudessem outros sujeitos: a) uma vez distribuída a ação e concedida a segurança em caráter liminar, em violação ao princípio do juiz natural e do devido processo legal, escolher aquele juízo que sabidamente tivesse entendimento favorável à sua pretensão[84]; e b) tumultuar o feito ao nele se habilitar de forma superveniente, assim prejudicando a celeridade que a ritualística do mandado de segurança exige[85].

Outra situação que merece destaque diz respeito à legitimação extraordinária subsidiária prevista pelo artigo 3°, da Lei n.º 12.016/2009[86]. Estabelece o mencionado dispositivo que, quando a conduta da autoridade coatora, além de prejudicar o direito líquido e certo do legitimado ordinário, também atingir o direito líquido e certo pertencente a um terceiro e daquele decorrente, este, na condição de substituto processual, poderá ajuizar o *writ* para defender o direito líquido e certo do substituído.[87]

---

[83] "Art. 10 [...] § 2º. O ingresso de litisconsorte ativo não será admitido após o despacho da petição inicial".

[84] ARAÚJO, José Henrique Mouta. *Mandado de segurança*. 7. ed. rev. ampl. atual. Salvador: JusPodivm, 2018, p. 189-190.

[85] TEIXEIRA FILHO, Manuel Antônio. *Mandado de segurança na Justiça do Trabalho* – individual e coletivo. 4. ed. São Paulo: LTr, 2017, p. 113.

[86] "Art. 3º. O titular de direito líquido e certo decorrente de direito, em condições idênticas, de terceiro poderá impetrar mandado de segurança a favor do direito originário, se o seu titular não o fizer, no prazo de 30 (trinta) dias, quando notificado judicialmente. Parágrafo único. O exercício do direito previsto no caput deste artigo submete-se ao prazo fixado no art. 23 desta Lei, contado da notificação".

[87] BARBI, Celso Agrícola. *Do mandado de segurança*. 10. ed. rev. aum. Rio de Janeiro: Forense, 2001, p. 120.

Para lançar mão dessa prerrogativa, não obstante, é necessário que o terceiro/substituto processual: a) notifique, judicial ou extrajudicialmente, o legitimado originário/substituído para que este impetre mandado de segurança[88]; b) aguarde o prazo de 30 (trinta) dias, contados da sobredita notificação, para determinar se o substituído efetivamente distribuiu a ação[89]; c) em caso de efetiva inércia, ao impetrar o *mandamus*, comprove documentalmente ao Juízo competente as situações indicadas nas alíneas "a" e "b" supra[90]; e d) observe o prazo de 120 (cento e vinte dias), previsto no artigo 23, da Lei n.º 12.016/2009, e contado a partir da data da notificação indicada na alínea "a"[91].

A hipótese aqui narrada, não obstante, não deve ser confundida com aquela disciplinada pelo artigo 1°, parágrafo terceiro, da Lei n.º 12.016/2009[92], que diz respeito a:

> [...] uma espécie de "mandado de segurança popular", em que um dos titulares do (afirmado) direito violado pelo ato impugnado vai a

[88] BUENO, Cássio Scarpinella. *A nova lei do mandado de segurança*. 2. ed. rev. atual. ampl. São Paulo: Saraiva, 2011, p. 31.

[89] LOPES, Mauro Luís Rocha. *Comentários à Nova Lei do Mandado de Segurança*. Rio de Janeiro: Impetus, 2009, p. 51-52.

[90] BEBBER, Julio Cesar. *Mandado de segurança individual e coletivo na Justiça do Trabalho*. 3. ed. rev. atual. São Paulo: Linotec Produção Editorial, 2020, p. 75.

[91] Quanto ao sobredito prazo, destaca Alexandre Freitas Câmara que: "Há quem entenda que a notificação exigida para que o legitimado extraordinário possa impetrar o mandado de segurança não amplia o prazo de 120 dias a que se refere o art. 23 da Lei n.° 12.016/09. [...] Há, porém, quem entenda que para o legitimado extraordinário corre um novo prazo, de 120 dias, contados da notificação que ele faz ao legitimado ordinário. Para os defensores desta corrente, efetuada a notificação, o (suposto) titular do direito originário teria 30 dias para impetrar o mandado de segurança e, no caso de sua inércia, o legitimado extraordinário teria mais *90 dias* para ajuizar a sua demanda". CÂMARA, Alexandre Freitas. *Manual do Mandado de Segurança*. 2. ed. São Paulo: Atlas, p. 47.

[92] "Art. 1° [...] § 3º. Quando o direito ameaçado ou violado couber a várias pessoas, qualquer delas poderá requerer o mandado de segurança".

juízo protegendo interesse de toda uma coletividade de supostos interessados, o que viabiliza a tutela de interesses coletivos ou individuais homogêneos.[93]

É precisamente em razão do caráter *sui generis* da legitimidade atribuída pelo retromencionado dispositivo legal que a doutrina diverge quanto à sua natureza jurídica. Enquanto há quem sustente tratar-se de hipótese de substituição processual, eis que o impetrante também estaria postulando direito alheio em nome próprio[94], há igualmente entendimento no sentido de que o caso é de legitimidade concorrente de cotitular, na medida em que "[...] a concessão da ordem retira o interesse processual na impetração pelos demais, sendo certo que a recíproca não é verdadeira, na hipótese de denegação [...]"[95].

Também sob o prisma da tutela coletiva de direitos, impende discorrer acerca dos legitimados para atuar no polo ativo de mandado de segurança em sua modalidade coletiva. No ponto, cumpre desde logo salientar que a doutrina não logra chegar a um consenso no que pertine à natureza jurídica dessa legitimação.

Quanto à questão, é suficiente referir a existência de uma vertente que sustenta que se estaria diante de uma legitimação ordinária (argumentando, para tanto, que os legitimados, em verdade, estariam provocando a prestação jurisdicional com a pretensão de atender a seus objetivos institucionais e, portanto, tutelar direito

---

[93] CÂMARA, Alexandre Freitas. *Manual do Mandado de Segurança*. 2. ed. São Paulo: Atlas, p. 39-40.

[94] BUENO, Cássio Scarpinella. *A nova lei do mandado de segurança*. 2. ed. rev. atual. ampl. São Paulo: Saraiva, 2011, p. 27.

[95] FUX, Luiz. *Mandado de Segurança*. 2. ed. Rio de Janeiro: Forense, 2019, p. 41.

próprio[96]) e de outra, que afirma tratar-se de hipótese de legitimidade autônoma — essencialmente se referindo à necessidade de conferir à tutela coletiva de direitos uma disciplina própria, de sorte que às formações sociais seria possível conduzir o processo ainda que não tenham integrado a relação de direito material[97].

O entendimento majoritário, não obstante, firma-se no sentido de se estar diante de uma legitimação extraordinária, na qual os sujeitos figuram "[...] como parte para defender, em nome próprio, direito alheio, ainda que os interesses pessoais do substituído possam se identificar com a pretensão coletiva."[98]

O mesmo impasse, contudo, não se verifica no que diz respeito à taxatividade do rol previsto no artigo 5°, inciso LXX, regulamentado pelo já referido artigo 21, da Lei n.º 12.016/2009. Prevalece, em relação a isso, a compreensão de que o legislador originário, ao fazer menção aos partidos políticos, sindicatos, entidades de classe e associações, intencionou estabelecer "[...] uma garantia constitucional mínima [...]"[99], não havendo óbice, por conseguinte, a que se reconheçam como legítimos os demais sujeitos e instituições assim reconhecidos pelo microssistema de direito processual coletivo, dada a identidade dos bens jurídicos que se pretende tutelar[100].

---

[96] BONOMO JÚNIOR, Aylton; ZANETI JÚNIOR, Hermes. *Mandado de segurança individual e coletivo*. Salvador: JusPodivm, 2019, p. 346. Observa-se que os autores destacados, embora indiquem os fundamentos adotados por tal vertente, a ela não se filiam.

[97] CÂMARA, Alexandre Freitas. *Manual do Mandado de Segurança*. 2. ed. São Paulo: Atlas, p. 363. O jurista em comento, embora apresente a vertente supramencionada, com ela não coaduna.

[98] FUX, Luiz. *Mandado de Segurança*. 2. ed. Rio de Janeiro: Forense, 2019, p. 212.

[99] DIDIER JÚNIOR, Fredie. ZANETI JÚNIOR, Hermes. *Curso de direito processual civil*: processo coletivo. 12. ed. Salvador: JusPodivm, 2018, v.4, p. 230.

[100] SARLET, Ingo Wolfgang; MARINONI, Luiz Guilherme; MITIDIERO, Daniel. *Curso de direito constitucional*. 8. ed. rev. atual. ampl. São Paulo: Saraiva, 2019. *E-book*, p. 1.137.

Feitas essas ressalvas, faz-se possível discorrer, ainda que de forma breve, sobre cada um desses potenciais legitimados para a causa, iniciando-se de imediato pelos partidos políticos, disciplinados de forma ligeiramente diversa em âmbito constitucional (cujo artigo 5°, inciso LXX, alínea "a", apenas estabelece como requisito a ser observado a existência de representação no Congresso Nacional[101]) e infraconstitucional (uma vez que o artigo 21, *caput*, da Lei n.º 12.016/2009, limita a atuação dessa pessoa jurídica de direito privado à defesa de direitos de seus integrantes, ou à finalidade partidária).

Assim, seja sob o argumento de que o legislador constitucional "[...] jamais pretendeu que o mandado de segurança coletivo fosse transformado em forma privilegiada de ação coletiva [...]"[102], de modo que a previsão regulamentar seria inconstitucional, seja porque tal dispositivo conflita também com a Lei n.º 9.096/1995, que atribui aos partidos políticos legitimidade para, dentre outros, "[...] defender os direitos fundamentais definidos na Constituição Federal", a doutrina

---

[101] Considera-se atendida a supracitada exigência quando o partido político contar com pelo menos um representante seu na Câmara dos Deputados ou no Senado Federal (*In*: ALVIM, J. E. Carreira. *Mandado de segurança coletivo*. Curitiba: Juruá, 2018, p. 26). Diverge a doutrina, contudo, acerca da subsistência da legitimidade em comento naqueles casos em que, no curso da ação de segurança, o partido político deixar de ter representante no Congresso Nacional, podendo-se identificar os seguintes entendimentos como mais comuns: a) a perda da representação no parlamento deve acarretar a extinção do processo sem resolução de mérito, por carência de ação (*In*: TEIXEIRA FILHO, Manuel Antônio. *Mandado de segurança na Justiça do Trabalho* – individual e coletivo. 4. ed. São Paulo: LTr, 2017, p. 315); b) a superveniente ausência de representação no Congresso Nacional em nada prejudica o prosseguimento do mandado de segurança (*In*: BEBBER, Julio Cesar. *Mandado de segurança individual e coletivo na Justiça do Trabalho*. 3. ed. rev. atual. São Paulo: Linotec Produção Editorial, 2020, p. 130); e c) é possível a aplicação, por analogia, do artigo 5°, parágrafo terceiro, da Lei da Ação Popular, podendo o Ministério Público assumir a condição de sucessor ativo do partido político que se tornar ilegítimo para o prosseguimento da ação (*In:* ARAÚJO, José Henrique Mouta. *Mandado de segurança*. 7. ed. rev. ampl. atual. Salvador: JusPodivm, 2018, p. 298).

[102] MARINONI, Luiz Guilherme; ARENHART, Sérgio Cruz; MITIDIERO, Daniel. *Curso de processo civil*: tutela dos direitos mediante procedimentos diferenciados. São Paulo: Thomson Reuters, 2020. v. 3. *E-book*, p. 454.

sustenta, de modo reiterado, a inaplicabilidade da limitação em comento ao *writ*[103].

São igualmente legítimos para lançar mão da ação de segurança as organizações sindicais, as entidades de classe e as associações, que, por receberem tratamento legislativo similar, passam a ser abordadas de forma conjunta.

Os sindicatos, como é cediço, são uma espécie de associação que reúne de forma permanente e organizada trabalhadores ou empregadores, buscando defender os interesses da respectiva categoria, judicial ou extrajudicialmente[104], bastando que seus atos constitutivos hajam sido registrados em cartório para poderem impetrar mandado de segurança, dispensando-se, por conseguinte, seu depósito junto ao Ministério do Trabalho. A eles se somam, por também fazerem parte da estrutura da organização sindical pátria, as federações[105], confederações[106] e centrais sindicais.[107]

Já a entidade de classe compreende "[...] a associação de pessoas, naturais ou jurídicas, que em essência representa o interesse comum de determinada categoria social, econômica ou profissional"[108], ao passo que a associação corresponde à "[...] organização resultante

---

[103] BUENO, Cássio Scarpinella. *A nova lei do mandado de segurança*. 2. ed. rev. atual. ampl. São Paulo: Saraiva, 2011, p. 162.

[104] CAIRO JÚNIOR, José. *Curso de direito do trabalho*. 13. ed. rev. e atual. Salvador: JusPodivm, 2017, p. 155-156.

[105] Assim dispõe o caput do artigo 534, da Consolidação das Leis do Trabalho: "É facultado aos Sindicatos, quando em número não inferior a 5 (cinco), desde que representem a maioria absoluta de um grupo de atividades ou profissões idênticas, similares ou conexas, organizarem-se em federação".

[106] Dispõe o artigo 535, do Texto Consolidado, que "as Confederações organizar-se-ão com o mínimo de 3 (três) federações e terão sede na Capital da República".

[107] FUX, Luiz. *Mandado de Segurança*. 2. ed. Rio de Janeiro: Forense, 2019, p. 216-217.

[108] CÂMARA, Alexandre Freitas. *Manual do Mandado de Segurança*. 2. ed. São Paulo: Atlas, p. 363.

da reunião entre duas ou mais pessoas, com ou sem personalidade jurídica, para a realização de um objetivo comum [...]"[109].

Tal como se dá no tocante aos partidos políticos, pois, também com relação aos supramencionados legitimados há disposições na Lei n.º 12.016/2009 que não se fazem presentes no texto constitucional. Enquanto este, no artigo 5°, inciso LXXI, alínea "b", apenas registra a necessidade de esses grupos atuarem "[...] em defesa dos interesses de seus membros ou associados [...]", aquela, no *caput* do artigo 21, agrega o requisito da existência de um "[...] vínculo de pertinência entre a atividade desenvolvida pela entidade e o objeto do Mandado de Segurança"[110] ao determinar que os direitos tutelados devem ser "[...] pertinentes às suas finalidades [...]".

A regulamentação da sobredita norma constitucional, na mesma esteira da jurisprudência consolidada do Supremo Tribunal Federal, em especial nas Súmulas n.º 629[111] e n.º 630[112], evidencia que o ingresso em juízo dos entes supraindicados[113] não está condicionado à prévia autorização dos substituídos[114], podendo igualmente estar adstrito à

[109] ALVIM, J. E. Carreira. *Mandado de segurança coletivo*. Curitiba: Juruá, 2018, p. 35.

[110] FEICHAS, Roger Vieira; SALVADOR, Sérgio Henrique. *Mandado de segurança*: da teoria à prática. 2. ed. São Paulo: LTr, 2017, p. 84.

[111] "A impetração de mandado de segurança coletivo por entidade de classe em favor dos associados independe da autorização destes".

[112] "A entidade de classe tem legitimação para o mandado de segurança ainda quando a pretensão veiculada interesse apenas a uma parte da respectiva categoria".

[113] Acerca da possibilidade de se estender a aplicação da Súmula n.º 629, do Supremo Tribunal Federal, também aos sindicatos e associações, veja-se: FUX, Luiz. *Mandado de Segurança*. 2. ed. Rio de Janeiro: Forense, 2019, p. 219.

[114] Aqui, impende registrar que, por atuarem os sindicatos, entidades de classe e associações em sede de mandado de segurança, na condição de substitutos processuais, a dispensabilidade de autorização prévia dos respectivos substituídos para sua impetração não colide com a disposição do artigo 5°, inciso XXI, do mesmo diploma. Isso acontece pelo fato de esta última previsão legal dizer respeito a casos em que as entidades de classe, em particular, pretendam atuar em juízo em nome de seus filiados e na defesa dos interesses e direitos destes, hipótese que se coaduna com

defesa dos direitos de apenas uma parcela da categoria, dos filiados ou associados, contanto que, nesta última hipótese, a tutela dos interesses de parte da coletividade não venha a prejudicar os direitos de outra porção de seus membros[115].

Resta, no mais, endereçar questão atinente à abrangência da exigência efetuada pela Constituição Federal e reproduzida pela Lei do Mandado de Segurança, no sentido de que o substituto processual esteja legalmente constituído e em funcionamento por pelo menos um ano. Esse requisito tem como finalidade impedir que sejam constituídos entes legitimados "[...] de *fachada*, com o único propósito de ajuizar determinada demanda coletiva"[116].

Nesse particular, a doutrina oscila entre os juristas para quem a exigência de regular constituição e funcionamento pelo período mínimo de um ano se estende às organizações sindicais, entidades de classe e associações (porquanto a legislação em vigor não fez nenhuma ressalva ao apresentar tal limitação[117]) e aqueles que consideram, formando maioria, que tal exigência se aplica unicamente "[...] às associações, não atingindo os demais legitimados (partidos políticos, entidades de classe e sindicatos)"[118], por compreenderem que o legislador pretendeu que a expressão "legalmente constituída

---

a representação processual. BONOMO JÚNIOR, Aylton; ZANETI JÚNIOR, Hermes. *Mandado de segurança individual e coletivo*. Salvador: JusPodivm, 2019, p. 343-345.

115 BEBBER, Julio Cesar. *Mandado de segurança individual e coletivo na Justiça do Trabalho*. 3. ed. rev. atual. São Paulo: Linotec Produção Editorial, 2020, p. 129.

116 ALVIM, J. E. Carreira. *Mandado de segurança coletivo*. Curitiba: Juruá, 2018, p. 39. Grifos do autor.

117 TEIXEIRA FILHO, Manuel Antônio. *Mandado de segurança na Justiça do Trabalho* – individual e coletivo. 4. ed. São Paulo: LTr, 2017, p. 316.

118 DIDIER JÚNIOR, Fredie. ZANETI JÚNIOR, Hermes. *Curso de direito processual civil*: processo coletivo. 12. ed. Salvador: JusPodivm, 2018, v.4, p. 231.

e em funcionamento" se aplicasse apenas ao ente cuja identificação imediatamente o precede.

Do mesmo modo, constata-se dissenso no tocante à possibilidade, ou não, de aplicar-se ao mandado de segurança as previsões constantes do artigo 5°, parágrafo quarto, da Lei da Ação Civil Pública, e do artigo 82, parágrafo primeiro, do Código de Defesa do Consumidor. Esses dispositivos autorizam, em casos excepcionais, que o julgador dispense o cumprimento do requisito de pré-constituição de ao menos um ano. Novamente, sob o argumento de que o microssistema de direito processual coletivo deve ser interpretado de forma sistemática, há quem defenda "[...] a possibilidade de dispensa da prévia constituição [...]"[119], enquanto outros afirmam que a impossibilidade de se excepcionar sobredita regra está evidenciada pelo fato de o legislador ter optado por não prever hipótese de dispensa de prévia constituição quando poderia fazê-lo, somado à superior hierarquia do texto constitucional, ao tratamento mais específico conferido à matéria por esse diploma e pela Lei do Mandado de Segurança, e à posterioridade da Lei n.º 12.016/2009 em relação à Lei da Ação Civil Pública e ao Código de Defesa do Consumidor[120].

Por fim, mesmo diante da existência do já exposto entendimento de que o rol de legitimados previstos na legislação constitucional e infraconstitucional é meramente exemplificativo, cumpre salientar

---

[119] ARAÚJO, José Henrique Mouta. *Mandado de segurança*. 7. ed. rev. ampl. atual. Salvador: JusPodivm, 2018, p. 300.

[120] LOPES, Mauro Luís Rocha. *Comentários à Nova Lei do Mandado de Segurança*. Rio de Janeiro: Impetus, 2009, p. 125.

que, com fundamento nos artigos 127, *caput*[121], e 129, inciso III[122], ambos do texto constitucional, bem como em outros remédios processuais (caso da Lei da Ação Civil Pública, Lei da Ação Popular, Código de Defesa do Consumidor e Lei de Improbidade Administrativa), reconhece-se a competência do Ministério Público para a defesa de interesses difusos e coletivos pela via do mandado de segurança[123], podendo-se dizer o mesmo no tocante à Defensoria Pública, particularmente com espeque no artigo 134, *caput*[124], também da Constituição Federal.

### *2.2.2 Legitimidade passiva*

A legitimidade passiva em mandado de segurança, de modo diverso ao que ocorre com aquelas figuras que ocupam o seu polo ativo, mantém-se a mesma, independentemente de a demanda versar acerca da tutela individual ou coletiva de direitos, e envolve, essencialmente, duas figuras: a autoridade coatora e a pessoa jurídica a cujos quadros ela pertence.

Por autoridade coatora, compreende-se a pessoa natural exercente de funções públicas[125] — caso: a) dos agentes políticos

---

[121] "Art. 127. O Ministério Público é instituição permanente, essencial à função jurisdicional do Estado, incumbindo-lhe a defesa da ordem jurídica, do regime democrático e dos interesses sociais e individuais indisponíveis".

[122] "Art. 129. São funções institucionais do Ministério Público: [...] III - promover o inquérito civil e a ação civil pública, para a proteção do patrimônio público e social, do meio ambiente e de outros interesses difusos e coletivos".

[123] BUENO, Cássio Scarpinella. *A nova lei do mandado de segurança*. 2. ed. rev. atual. ampl. São Paulo: Saraiva, 2011, p. 166-167.

[124] "Art. 134. A Defensoria Pública é instituição permanente, essencial à função jurisdicional do Estado, incumbindo-lhe, como expressão e instrumento do regime democrático, fundamentalmente, a orientação jurídica, a promoção dos direitos humanos e a defesa, em todos os graus, judicial e extrajudicial, dos direitos individuais e coletivos, de forma integral e gratuita, aos necessitados, na forma do inciso LXXIV do art. 5º desta Constituição Federal".

[125] LOPES, Mauro Luís Rocha. *Comentários à Nova Lei do Mandado de Segurança*. Rio de Janeiro: Impetus, 2009, p. 59.

(políticos eleitos por voto popular, ministros de Estado, promotores e magistrados, diplomatas, membros de tribunais de contas); b) dos agentes administrativos (servidor público, empregado público, servidor temporário); e c) dos agentes delegados, concessionários e permissionários (diretor de autarquia, diretor de fundação e particulares no exercício de poder público, administrador de sociedade de economia mista e empresa pública quanto a atos de gestão comercial)[126]. — que, em qualquer nível, efetivamente pratique ou determine a prática de ato "[...] no desempenho de suas funções ou a pretexto de exercê-las [...]"[127] que desborde na violação ou ameaça a direito líquido e certo[128], ou ainda que, embora dispondo de poderes para realizá-lo ou ordenar sua execução, quede silente produzindo o mesmo resultado[129].

Desse modo, aqueles agentes ou pessoa equiparada que apenas executem materialmente um ato ou deixem de praticá-lo porque tal conduta lhes foi específica e impositivamente ordenada por outrem, não poderão ser designados como autoridades coatoras para o fim de impetração de *mandamus*.[130]

A pessoa jurídica, por via de consequência, será aquela entidade de direito público ou privado que exerça função pública delegada, à qual pertencer a pessoa natural que, por conduta comissiva ou

---

[126] FEICHAS, Roger Vieira; SALVADOR, Sérgio Henrique. *Mandado de segurança*: da teoria à prática. 2. ed. São Paulo: LTr, 2017, p. 42.

[127] MEIRELLES, Hely Lopes; WALD, Arnoldo; MENDES, Gilmar Ferreira. *Mandado de segurança e ações constitucionais*. 36. ed. atual. ampl. São Paulo: Malheiros, 2014, p. 33.

[128] CÂMARA, Alexandre Freitas. *Manual do Mandado de Segurança*. 2. ed. São Paulo: Atlas, p. 69.

[129] Afirma Luiz Fux que "[...] a autoridade coatora, no caso de omissão ilegal, será o agente que seria responsável pela prática do ato devido ou poderia ordenar sua realização". FUX, Luiz. *Mandado de Segurança*. 2. ed. Rio de Janeiro: Forense, 2019, p. 122.

[130] TEIXEIRA FILHO, Manuel Antônio. *Mandado de segurança na Justiça do Trabalho* – individual e coletivo. 4. ed. São Paulo: LTr, 2017, p. 114-117.

omissiva, violou o direito líquido e certo de um indivíduo ou de uma coletividade de sujeitos.[131]

Uma vez minimamente apresentadas tais figuras, faz-se possível, então, passar à identificação propriamente dita do(s) legitimado(s) passivo(s) em mandado de segurança, desde já se registrando que a doutrina, quanto ao tema, divide-se essencialmente em três vertentes.[132]

Com fundamento no artigo 6° (que torna obrigatória a indicação de quem seja a autoridade coatora); no artigo 7°, incisos I e II (que, conjuntamente interpretados, evidenciam que, embora a autoridade coatora deva ser comunicada acerca da existência da ação e ter acesso a documentos para que possa defender a legalidade do ato, a pessoa jurídica, por sua vez, apenas deve receber cópia da inicial, desacompanhada de documentos); e no artigo 14, parágrafo segundo (que reconhece legitimidade recursal à autoridade coatora[133]), todos da Lei n.º 12.016/2009, a primeira delas sustenta que o polo passivo do *writ of mandamus* há de ser ocupado pela pessoa natural que houver praticado ou ordenado a prática da conduta responsável pela violação ou ameaça de lesão a direito líquido e certo[134].

A segunda, em sentido diametralmente oposto, assevera que a legitimidade passiva em ação de segurança recai sobre a pessoa jurídica, arvorando-se, para tanto, de três principais argumentos.

O primeiro deles pode ser extraído de diversas passagens própria Lei n.º 12.016/2009, uma vez que: o artigo 6° torna obrigatória a

---

[131] FUX, Luiz. *Mandado de Segurança*. 2. ed. Rio de Janeiro: Forense, 2019, p. 44 e 221.

[132] ARAÚJO, José Henrique Mouta. *Mandado de segurança*. 7. ed. rev. ampl. atual. Salvador: JusPodivm, 2018, p. 201.

[133] OLIVEIRA, Francisco Antônio de. *Mandado de segurança e controle constitucional*. 4. ed. São Paulo: LTr, 2012, p. 86.

[134] MEIRELLES, Hely Lopes; WALD, Arnoldo; MENDES, Gilmar Ferreira. *Mandado de segurança e ações constitucionais*. 36. ed. atual. ampl. São Paulo: Malheiros, 2014, p. 70 e seguintes.

indicação da pessoa jurídica; o artigo 7°, inciso II, prevê verdadeira citação, acompanhada do ônus de apresentação de defesa; o artigo 9° incumbe a autoridade coatora de munir a pessoa jurídica com os subsídios necessários para apresentação de defesa; e o artigo 14, parágrafo segundo, ainda que a *contrario sensu*, indica a legitimidade recursal da pessoa jurídica. Essas previsões, pois, teriam o condão de evidenciar que é a pessoa jurídica — e não a autoridade coatora — que recebe tratamento legal de legitimada passiva.[135]

O segundo deles se lastreia na afirmação de que somente pode ser considerado legitimado passivo em um processo aquele que "[...] vai suportar os encargos decorrentes da ação"[136], sendo necessário atentar-se para o fato de que, no mandado de segurança, tem-se "[...] uma ordem dirigida ao funcionário, e outra, que nós chamaríamos a sucumbência no Mandado de Segurança, que seria o problema já reflexo da ordem judicial"[137] e que invariavelmente impacta de forma direta a pessoa jurídica, então forçada legitimada passiva.

O terceiro decorre do fato de que a jurisprudência[138] e a doutrina[139] não admitem o *jus postulandi* em sede de mandado de segurança. Tal circunstância, quando atrelada ao entendimento de que a autoridade coatora, ao prestar informações, pode subscrever

---

135 FUX, Luiz. *Mandado de Segurança*. 2. ed. Rio de Janeiro: Forense, 2019, p. 46-47.

136 FIGUEIREDO, Lucia Valle. Autoridade coatora e sujeito passivo. *In*: FERRAZ, Sérgio (org.). *Cinqüenta anos de mandado de segurança*. Porto Alegre: Sergio Antônio Fabris, 1986, p. 26.

137 FIGUEIREDO, Lucia Valle. Autoridade coatora e sujeito passivo. *In*: FERRAZ, Sérgio (org.). *Cinqüenta anos de mandado de segurança*. Porto Alegre: Sergio Antônio Fabris, 1986, p. 26.

138 Eis o que se infere a partir da Súmula n.º 245, do Tribunal Superior do Trabalho: "o jus postulandi das partes, estabelecido no art. 791 da CLT, limita-se às Varas do Trabalho e aos Tribunais Regionais do Trabalho, não alcançando a ação rescisória, a ação cautelar, o mandado de segurança e os recursos de competência do Tribunal Superior do Trabalho".

139 BARBI, Celso Agrícola. *Do mandado de segurança*. 10. ed. rev. aum. Rio de Janeiro: Forense, 2001, p. 121;

ela própria o respectivo documento, sendo dispensável a assistência de um advogado[140], evidencia que, em realidade, não figura ela no processo como parte. Esse ônus, por conseguinte, deve ser suportado pela pessoa jurídica.

Impende, por fim, fazer menção à parcela da doutrina que firma posição no sentido de que a comunicação da autoridade coatora e da pessoa jurídica previstas no artigo 7°, incisos I e II, da Lei n.º 12.016/2009, corresponde, "[...] apesar da nomenclatura empregada pelo legislador mais recente [...]"[141], a uma "[...] *dupla citação*"[142] que, justamente por isso, estabeleceria entre ambas um litisconsórcio passivo necessário[143].

É de se registrar, outrossim, que "[...] o entendimento exposto acima não infirma a possibilidade de, em mandado de segurança, haver também litisconsórcio *passivo*, facultativo ou necessário"[144],

---

140 CÂMARA, Alexandre Freitas. *Manual do Mandado de Segurança*. 2. ed. São Paulo: Atlas, p. 63.

141 BUENO, Cássio Scarpinella. *A nova lei do mandado de segurança*. 2. ed. rev. atual. ampl. São Paulo: Saraiva, 2011, p. 61.

142 BUENO, Cássio Scarpinella. *A nova lei do mandado de segurança*. 2. ed. rev. atual. ampl. São Paulo: Saraiva, 2011, p. 61.

143 Tem-se por litisconsórcio necessário aquele no qual "[...] por disposição de lei, ou pela natureza da relação litigiosa, o processo só se possa formar com a presença de mais de um autor ou mais de um réu, ou seja, de todos os interessados". SILVA, Ovídio Baptista da. *Curso de processo civil*: processo de conhecimento. 6. ed. rev. e atual. São Paulo: Revista dos Tribunais, 2002. v.1, p. 252.

144 Acerca do tema, impende salientar que: "Quanto ao litisconsorte passivo no mandado de segurança, há que se distinguir o necessário do facultativo. Aquele terá que integrar a lide, e poderá fazê-lo a qualquer tempo, espontaneamente ou por determinação do juiz; este só poderá ingressar no processo no decêndio das informações e com aquiescência de ambas as partes, não cabendo ao juiz ordenar sua participação no feito, mas tão somente admiti-la, se houver concordância do impetrante e do impetrado. [...] O não chamamento de litisconsorte passivo necessário nos autos acarreta a nulidade do julgamento, e essa nulidade pode ser arguida e reconhecida até mesmo em recurso extraordinário interposto pelo terceiro prejudicado, no prazo comum para as partes. Quanto ao litisconsorte passivo facultativo, sua ausência no processo não invalida a sentença, como também não cabe seu ingresso na lide depois de 1 20 dias do ato impugnado, porque isto significaria prorrogação do prazo fatal de decadência estabelecido no art. 23 da Lei 12.016/2009". MEIRELLES, Hely Lopes; WALD, Arnoldo; MENDES, Gilmar Ferreira. *Mandado de segurança e ações constitucionais*. 36. ed. atual. ampl. São Paulo: Malheiros, 2014, p. 81-82.

entre outras pessoas que não sejam a autoridade coatora e a pessoa jurídica a que ela pertença"[145]. Isso, aliás, pode ser depreendido a partir do próprio artigo 24, da Lei n.º 12.016/2009[146], cuja atualização da redação remete aos artigos 113 e 118 da Lei n.º 13.105/2015, e da Súmula n.º 631, do Supremo Tribunal Federal[147].

Ainda no tocante à discussão travada acerca da legitimidade passiva da autoridade coatora e/ou da pessoa jurídica a quem ela se vincula, alerta-se para o fato de que não é ela meramente teórica e, por isso, repercute diretamente na constituição e desenvolvimento regular do *mandamus*. É que aqueles que consideram que a pessoa jurídica é a única parte legítima para atuar no polo passivo da ação de segurança — e esse tem sido o entendimento prevalente — sustentam que a indicação equivocada da autoridade coatora não deve implicar a carência de ação, incumbindo "[...] à autoridade notificada declinar a verdadeira autoridade coatora e a pessoa jurídica a que pertence, posto o seu dever de agir conforme os princípios da legalidade, moralidade, transparência, eficiência e boa-fé, entre outros decorrentes do art. 37, CF" [148].

Argumenta-se, ademais, que, além da compreensível dificuldade do jurisdicionado (e, por vezes, do próprio Juízo) de identificar a autoridade coatora no contexto de estruturas administrativas complexas[149], o

---

145 BUENO, Cássio Scarpinella. *Curso sistematizado de direito processual civil*: direito processual público, direito processual coletivo. 4. ed. rev. e atual. São Paulo: Saraiva, 2014. v. 2, tomo III. *E-book*, p. 57.

146 "Art. 24. Aplicam-se ao mandado de segurança os arts. 46 a 49 da Lei no 5.869, de 11 de janeiro de 1973 - Código de Processo Civil".

147 "Extingue-se o processo de mandado de segurança se o impetrante não promove, no prazo assinado, a citação do litisconsorte passivo necessário".

148 FUX, Luiz. *Mandado de Segurança*. 2. ed. Rio de Janeiro: Forense, 2019, p. 49.

149 BONOMO JÚNIOR, Aylton; ZANETI JÚNIOR, Hermes. *Mandado de segurança individual e coletivo*. Salvador: JusPodivm, 2019, p. 128.

próprio Código de Processo Civil, aplicável subsidiariamente à matéria, exige a observância dos princípios da primazia do julgamento de mérito e da cooperação processual — notadamente quanto ao dever anexo de prevenção —, encartados, nos artigos 5° e 6°, na atuação dos sujeitos processuais. Dessa sorte, a lógica do sistema privilegia a correção do endereçamento da peça em detrimento da extinção do processo sem resolução do mérito[150].

Seguindo a mesma lógica, a doutrina reconhece, também no tocante à legitimidade passiva em mandado de segurança, a aplicabilidade da teoria da encampação, de acordo com a qual "se a autoridade superior encampar o ato de seu inferior hierárquico — que seria o legitimado para figurar na posição processual de 'autoridade coatora' —, promovendo, em juízo, sua defesa, passará a ocupar dita posição, daí em diante"[151], contanto que daí não advenha alteração de competência estabelecida pela Constituição Federal[152].

## *2.2.3 Intervenção de terceiros*

Consoante já exposto, embora a Lei n.º 12.016/2009 admita de forma expressa a formação de litisconsórcio ativo e passivo, o mesmo não pode ser dito no tocante à intervenção de terceiros. O tema, como é cediço,

---

[150] É o que se infere a partir do Enunciado n.° 511, do Fórum Permanente de Processualistas Civis: "A técnica processual prevista nos arts. 338 e 339 pode ser usada, no que couber, para possibilitar a correção da autoridade coatora, bem como da pessoa jurídica, no processo de mandado de segurança".

[151] THEODORO JÚNIOR, Humberto. *Lei do Mandado de Segurança comentada*: artigo por artigo. 2. ed. Rio de Janeiro: Forense, 2019. *E-book*, p. 223.

[152] É o que se infere a partir da Súmula 628, do Superior Tribunal de Justiça: "A teoria da encampação é aplicada no mandado de segurança quando presentes, cumulativamente, os seguintes requisitos: a) existência de vínculo hierárquico entre a autoridade que prestou informações e a que ordenou a prática do ato impugnado; b) manifestação a respeito do mérito nas informações prestadas; e c) ausência de modificação de competência estabelecida na Constituição Federal".

não foi objeto de trato específico pela legislação infraconstitucional, gerando, por isso, entendimentos distintos quanto à sua admissibilidade.

De um lado, tem-se, pois, autores (e mesmo tribunais superiores) que argumentam que o silêncio do legislador quanto ao ponto foi proposital, na medida em que as modalidades de intervenção de terceiros previstas no ordenamento jurídico pátrio não se coadunam com as características do mandado de segurança[153]. De outro, conta-se com operadores do Direito que, embora reconheçam que a denunciação à lide e o chamamento ao processo possam causar imbróglio procedimental que não se coaduna com a celeridade que o *writ* procura imprimir[154], admitem a intervenção, sob a forma de assistência — a litisconsorcial mais do que a assistencial[155] —, mediante a aplicação subsidiária do Código de Processo Civil[156].

---

[153] FUX, Luiz. *Mandado de Segurança.* 2. ed. Rio de Janeiro: Forense, 2019, 58.

[154] BUENO, Cássio Scarpinella. *A nova lei do mandado de segurança.* 2. ed. rev. atual. ampl. São Paulo: Saraiva, 2011, p. 191.

[155] Diz-se que há variação de grau porquanto, embora alguns autores reconheçam o cabimento, em ação de segurança, de ambas as subespécies de assistência (ARAÚJO, José Henrique Mouta. *Mandado de segurança.* 7. ed. rev. ampl. atual. Salvador: JusPodivm, 2018, p. 216-217), outros, como é o caso de Manoel Antônio Teixeira Filho, limitam-no à assistência litisconsorcial, asseverando que: "[...] não admitimos a assistência *simples* (CPC, art. 121) neste tipo de ação, por, quando menor, dois motivos: a) a natureza do direito invocado (líquido e certo) pelo impetrante reclama tutela urgente (inclusive, mediante concessão de liminar), razão por que se torna fundamental que o curso do processo não seja embaraçado, ou mesmo sobrestado, pelo ingresso de outras pessoas, no polo ativo da relação; b) na assistência simples não está em jogo direito do assistente, mas do assistido. Aquele tem mero interesse em que a sentença seja favorável a este. [...] Diverso, contudo, é o nosso pensamento quanto à assistência *litisconsorcial* (qualificada, autônoma), pois aqui a sentença pode influir na relação jurídica entre o assistente e o adversário do assistido (CPC, art. 214). O assistente litisconsorcial, em virtude de ser titular de relação jurídica existente com a autoridade coatora, ou com a pessoa jurídica de direito público em nome da qual praticou o ato impugnado, tem um interesse de agir na causa muito superior ao do assistente simples (*ad adiuvandum*), daí decorrendo a razão de a lei haver-lhe atribuído *status* processual de litisconsorte, dotando-o de poderes necessários à defesa do direito próprio, líquido e certo, que poderá ser afetado pelo ato da autoridade pública". TEIXEIRA FILHO, Manuel Antônio. *Mandado de segurança na Justiça do Trabalho* – individual e coletivo. 4. ed. São Paulo: LTr, 2017, p. 123-124.

[156] BEBBER, Julio Cesar. *Mandado de segurança individual e coletivo na Justiça do Trabalho.* 3. ed. rev. atual. São Paulo: Linotec Produção Editorial, 2020, p. 74.

Por fim, registra-se que a doutrina, de forma geral, não vê qualquer óbice no cabimento em abstrato da intervenção do *amicus curiae*, em sede de mandado de segurança. No ponto, conquanto sejam observados os requisitos da relevância da matéria, especificidade do tema objeto da demanda ou da repercussão social da controvérsia — que, por isso, tornam até mesmo aconselhável que o julgador possa contar com subsídios para que possa bem decidir casos de maior complexidade ou impacto[157] —, bem assim que se ajustem os poderes outorgados aos amigos da corte para eles não prejudicarem a tramitação da ação de segurança (nesse ponto, a doutrina afirma que a intervenção não pode prejudicar a sumariedade ritualística característica do *writ*[158]), por representar, o instituto, "[...] uma poderosa forma de ampliar o contraditório, ampliar a participação da sociedade na formação dos resultados desses processos e, com isso, conferir legitimidade democrática as decisões neles proferidas"[159], o entendimento que prepondera é o de que sua admissibilidade não apenas é possível como, a depender da complexidade do caso e dos impactos que ele pode gerar no meio social, até mesmo recomendável.

Tendo sido apresentados os principais sujeitos aptos a ocupar o polo ativo e passivo da ação de segurança, cumpre, no título que segue, trazer à baila alguns pontos de maior relevância relacionados ao interesse de agir e, por via reflexa, às hipóteses de cabimento do *mandamus*.

---

[157] BUENO, Cássio Scarpinella. *A nova lei do mandado de segurança*. 2. ed. rev. atual. ampl. São Paulo: Saraiva, 2011, p. 31 e p. 190-191.

[158] BONOMO JÚNIOR, Aylton; ZANETI JÚNIOR, Hermes. *Mandado de segurança individual e coletivo*. Salvador: JusPodivm, 2019, p. 137.

[159] CÂMARA, Alexandre Freitas. *Manual do Mandado de Segurança*. 2. ed. São Paulo: Atlas, p. 87.

## 2.3 Interesse de agir (e cabimento)

O interesse de agir, também designado em doutrina de interesse processual, traduz-se em condição objetiva da ação afeita à utilidade da prestação jurisdicional, podendo ser aferida, no caso concreto, uma vez constatada a cumulação de dois indicadores: a necessidade e a adequação.[160] A primeira advém da imprescindibilidade de se recorrer à figura estatal para que se obtenha um provimento judicial capaz de satisfazer o direito material em conflito, ao passo que a segunda diz respeito à escolha daquelas figuras processuais que, segundo o que dispõe a lei, sejam aptas a gerar os resultados pretendidos.[161]

Particularmente no tocante ao mandado de segurança, o interesse processual se vê atrelado ao "[...] direito próprio concreta e imediatamente lesado ou ameaçado por ato coator"[162], razão pela qual, nas linhas que seguem, passa-se a discorrer acerca das condutas praticadas em âmbito administrativo, legislativo ou jurisdicional que desafiam o *mandamus*, do caráter de ilicitude do qual devem se revestir e, ao final, daqueles casos nos quais a ação não se afigura como meio adequado à tutela do direito material violado ou em vias de sê-lo.

### *2.3.1 Ato coator*

Já se asseverou previamente que a autoridade coatora será sempre a pessoa natural que se encontre no exercício de função pública — junto a qualquer dos entes federados e/ou poderes constituídos —, responsável por praticar o ato impugnado e, por conseguinte, dotada

---

[160] DINAMARCO, Cândido Rangel; LOPES, Bruno Vasconcelos Carrilho. *Teoria Geral do Novo Processo Civil*. 2. ed. rev. atual. São Paulo: Malheiros, 2017, p. 117.

[161] PINHO, Humberto Dalla Bernardina de. *Direito processual civil contemporâneo*: teoria geral do processo. 7. ed. São Paulo: Saraiva, 2017. *E-book*, p. 217.

[162] FUX, Luiz. *Mandado de Segurança*. 2. ed. Rio de Janeiro: Forense, 2019, p. 66.

de poderes para corrigi-lo em sua integralidade, caso entenda ser isso devido, bem assim, por equiparação, o agente de pessoa jurídica que nos mesmos moldes desempenhe atribuições típicas do Poder Público[163].

Cumpre, em prosseguimento, então, discorrer-se, ainda que de forma breve, justamente acerca do universo das condutas, comissivas e omissivas, praticadas nos âmbitos administrativo, legal e jurisdicional, que abstratamente podem vir a violar direito líquido e, por isso, tornam útil o manejo de ação de segurança.

#### 2.3.1.1 Ato administrativo coator

Essencialmente, os atos administrativos que desafiam mandado de segurança são aqueles emanados de autoridade pública pertencente à administração pública direta, indireta, autárquica e fundacional, além, a toda obviedade, daqueles atos atípicos que são praticados pelos Poderes Legislativo e Judiciário e sujeitos particulares que exerçam função pública.

Nesse contexto, importa desde logo referir que o ato coator somente se fará presente caso a autoridade pública ou a pessoa equiparada efetivamente o executem ou determinem que alguém o faça. Por essa razão, aquelas pessoas naturais que tenham sido responsáveis por prever, de forma genérica e abstrata, um determinado ato, sem, contudo, serem responsáveis por efetivamente aplicá-lo a um caso concreto[164] ou, ainda, que tenham elaborado pareceres de

---

[163] BONOMO JÚNIOR, Aylton; ZANETI JÚNIOR, Hermes. *Mandado de segurança individual e coletivo*. Salvador: JusPodivm, 2019, p. 65.

[164] BONOMO JÚNIOR, Aylton; ZANETI JÚNIOR, Hermes. *Mandado de segurança individual e coletivo*. Salvador: JusPodivm, 2019, p. 126.

conteúdo essencialmente teórico, não terão praticado ato coator que desafie o *writ*.

Casos há, contudo, em que a violação ou ameaça a direito líquido e certo não advirá da prática de ato impugnável por uma só autoridade, mas por uma pluralidade delas. Assim, designa-se de ato administrativo complexo aquele que é resultado da conjunção de esforços e vontades de agentes pertencentes a órgão administrativos distintos[165], razão pela qual todos eles serão considerados autoridades coatoras e, por isso, necessitarão ser notificados no curso da ação de segurança[166].

De outra banda, são considerados atos administrativos compostos aqueles que são praticados de forma concomitante ou sucessiva, mas que, em qualquer caso, dependem um do outro para que possam se concretizar[167]. Neles, essencialmente, uma autoridade é responsável por praticar o ato principal e outra por chancelá-lo, prevalecendo em âmbito doutrinário o entendimento de que o mandado de segurança há de ser direcionado em desfavor daquela que foi responsável pela prática do ato principal[168].

Por fim, tem-se também a possibilidade de que o ato administrativo coator tenha advindo de decisão proferida por órgãos colegiados ou por comissões, hipótese na qual o respectivo presidente há de ser

---

[165] MEIRELLES, Hely Lopes. *Direito Administrativo Brasileiro*. 23. ed. São Paulo: Malheiros, 1998. *E-book*, p. 100.

[166] BARBI, Celso Agrícola. *Do mandado de segurança*. 10. ed. rev. aum. Rio de Janeiro: Forense, 2001, p. 85.

[167] OLIVEIRA, Francisco Antônio de. *Mandado de segurança e controle constitucional*. 4. ed. São Paulo: LTr, 2012, p. 46.

[168] TEIXEIRA FILHO, Manuel Antônio. *Mandado de segurança na Justiça do Trabalho* – individual e coletivo. 4. ed. São Paulo: LTr, 2017, p. 152.

considerado como autoridade coatora para o fim de impetração de mandado de segurança.[169]

#### 2.3.1.2 Atos legislativos coatores

Extrai-se, a partir do exame de abalizada doutrina, que os atos legislativos que podem render ensejo à impetração de mandado de segurança são essencialmente de duas ordens. Por primeiro, tem-se as chamadas leis formais ou de efeito concreto, assim designadas porque, embora tenham forma de lei, materialmente se traduzem em atos administrativos[170], sendo, portanto, capazes de produzir efeitos de forma imediata e, com isso, violar direito líquido e certo de seu(s) titular(es)[171].

O segundo grupo, a seu turno, é formado pelas deliberações legislativas, que representam o conjunto de atos "[...] praticados por parlamentares no processo legislativo, quando violada a Constituição Federal, a Lei e o Regimento Interno, desde que ainda pendente o processo legislativo (o projeto de lei ainda não fora promulgado)"[172]. Essas deliberações, contudo, não se estendem aos denominados atos *interna corporis*[173], haja vista que elas dizem respeito àqueles temas que se relacionam "[...] direta e imediatamente com a economia interna da corporação legislativa, com seus privilégios e com a formação

---

[169] DANTAS, Paulo Roberto de Figueiredo. *Direito processual constitucional*. 8. ed. São Paulo: Saraiva, 2018. *E-book*, p. 43.

[170] VELLOSO, Carlos Mario da Silva. Do Mandado de Segurança. *Revista da Faculdade de Direito da Universidade Federal de Minas Gerais*, Belo Horizonte, n. 22, 1979, p. 81-114, p. 83.

[171] THEODORO JÚNIOR, Humberto. *Lei do Mandado de Segurança comentada*: artigo por artigo. 2. ed. Rio de Janeiro: Forense, 2019. *E-book*, p. 50-51.

[172] BONOMO JÚNIOR, Aylton; ZANETI JÚNIOR, Hermes. *Mandado de segurança individual e coletivo*. Salvador: JusPodivm, 2019, p. 74.

[173] MEIRELLES, Hely Lopes; WALD, Arnoldo; MENDES, Gilmar Ferreira. *Mandado de segurança e ações constitucionais*. 36. ed. atual. ampl. São Paulo: Malheiros, 2014, p. 40.

ideológica da lei, e que, por sua própria natureza, são reservados à exclusiva apreciação e deliberação de Plenário da Câmara"[174].

### 2.3.1.3 Atos jurisdicionais coatores

No tocante aos atos praticados pelo Poder Judiciário, assevera a doutrina que, em se tratando de "[...] atos administrativos praticados por autoridades judiciárias ou órgãos colegiados dos tribunais [...]"[175], o mandado de segurança, ao menos em abstrato, é remédio constitucional cabível[176].

O mesmo não se dá, contudo, quanto àqueles atos materialmente jurisdicionais, na medida em que, com relação a eles, como regra, a legislação processual aplicável prevê a possibilidade de interposição de recursos ou mesmo do manejo de ações correcionais, então considerados instrumentos jurídicos adequados para sua revisão.[177]

Tendo em vista, contudo, que a processualística juslaboral se reveste de algumas peculiaridades que tornam dificultoso o manejo de recurso em face de determinadas decisões, relega-se a análise casuística das decisões judiciais em face das quais se pode ou não impetrar mandado de segurança para um momento seguinte, nos quais serão enumeradas as hipóteses de não cabimento do *writ* e as suas exceções.

---

174 OLIVEIRA, Francisco Antônio de. *Mandado de segurança e controle constitucional*. 4. ed. São Paulo: LTr, 2012, p. 32.

175 MEIRELLES, Hely Lopes; WALD, Arnoldo; MENDES, Gilmar Ferreira. *Mandado de segurança e ações constitucionais*. 36. ed. atual. ampl. São Paulo: Malheiros, 2014, p. 41.

176 Acerca da prática de ato lesivo pelo Poder Judiciário e da necessidade de aferição quanto à sua materialidade administrativa ou judiciária para cabimento de ação constitucional, veja-se: SILVA, José Afonso da. *Ação Popular Constitucional*. São Paulo: Revista dos Tribunais, 1968, p. 118-132.

177 Nesse sentido, conta-se com a Súmula n.° 267, do Supremo Tribunal Federal, segundo a qual: "não cabe mandado de segurança contra ato judicial passível de recurso ou correição".

### 2.3.2 Ilegalidade ou abuso de poder

Feitas essas inarredáveis considerações acerca das práticas que se inserem dentro do contexto das condutas coatoras, convém salientar que não é todo ato materialmente praticado por autoridade que permite o ajuizamento do *mandamus*, sendo inexorável que possa ele ser qualificado de ilegal ou abusivo.

A partir da interpretação conjunta dos artigos 5°, inciso LXIX, e 37, *caput*, ambos da Constituição Federal, bem como do artigo 1°, *caput*, da Lei n.º 12.016/2009, extrai-se que a autoridade administrativa ou as pessoas a ela equiparadas, diversamente do que sucede com os particulares, devem limitar a sua atuação àquilo que a lei efetivamente autoriza[178], razão pela qual será adjetivado de ilegal todo aquele ato que violar uma norma jurídica, seja ela um princípio ou uma regra[179], tenha ela assento na Constituição Federal ou na legislação infraconstitucional[180].

Com supedâneo no mesmo embasamento legal, embora a previsão seja criticada sob o ponto de vista técnico por parcela da doutrina[181], tem-se o ato coator praticado com abuso de poder, assim considerado como aquele que se encontre eivado de vício de

---

[178] Segundo lição de Hely Lopes Meirelles, "na Administração Pública não há liberdade nem vontade pessoal. Enquanto na administração particular é lícito fazer tudo que a lei não proíbe, na Administração Pública só é permitido fazer o que a lei autoriza". MEIRELLES, Hely Lopes. *Direito Administrativo Brasileiro*. 23. ed. São Paulo: Malheiros, 1998. *E-book*, p. 58.

[179] OLIVEIRA, Francisco Antônio de. *Mandado de segurança e controle constitucional*. 4. ed. São Paulo: LTr, 2012, p. 154.

[180] BARBI, Celso Agrícola. *Do mandado de segurança*. 10. ed. rev. aum. Rio de Janeiro: Forense, 2001, p. 83.

[181] É o caso de Manoel Antônio Teixeira Filho, Aylton Bonomo Júnior e Hermes Zaneti Júnior, os quais argumentam que, a rigor, o abuso de poder é espécie da qual a ilegalidade constitui gênero, sendo a previsão legislativa sob comento, justamente por isso, de certa forma atécnica e redundante. TEIXEIRA FILHO, Manuel Antônio. *Mandado de segurança na Justiça do Trabalho* – individual e coletivo. 4. ed. São Paulo: LTr, 2017, p. 148. BONOMO JÚNIOR, Aylton; ZANETI JÚNIOR, Hermes. *Mandado de segurança individual e coletivo*. Salvador: JusPodivm, 2019, p. 85.

competência — quando tenha sido praticado por agente despido de poderes para tanto ou que exorbite os poderes de que efetivamente dispõe — ou levado a efeito mediante desvio de finalidade — que ocorre quando "[...] o agente pratica o ato com inobservância do interesse público ou com objetivo diverso daquele previsto explícita ou implicitamente na lei"[182] —, assim representando uma violação dos princípios da legalidade e da moralidade administrativa.[183]

### 2.3.3 *Hipóteses de não cabimento*

Variadas são as hipóteses de não cabimento do mandado de segurança, razão pela qual, nos títulos seguintes, apenas aquelas que mais comumente se materializam no contexto das relações materiais e processuais de trabalho serão objeto de trato específico.

#### 2.3.3.1 Ato que desafie habeas corpus ou habeas data

Trata-se de hipótese de não cabimento prevista no artigo 5°, inciso LXIX, da Constituição Federal. Essencialmente, quando, por ato ilegal ou abusivo, uma pessoa física houver sofrido ou se encontrar na iminência de sofrer violação ou coação à sua liberdade de locomoção em sentido amplo — que compreende, em especial, a prisão ou ameaça de prisão ilegal ou instauração e tramitação de processos de natureza penal de forma irregular —[184], bem assim quando lhe forem negados acesso ou retificação de informações que

---

[182] DI PIETRO, Maria Silvia Zanella. *Direito Administrativo*. 32. ed. Rio de Janeiro: Forense, 2019. *E-book*, p. 531.

[183] LOPES, Mauro Luís Rocha. *Comentários à Nova Lei do Mandado de Segurança*. Rio de Janeiro: Impetus, 2009, p. 14.

[184] DANTAS, Paulo Roberto de Figueiredo. *Direito processual constitucional*. 8. ed. São Paulo: Saraiva, 2018. *E-book*, p. 326.

sobre si existirem em registros mantidos pelo poder público[185], não se admitirá que seja ele guerreado por meio do *mandamus,* por se estar diante, respectivamente, de condutas que desafiam *habeas corpus* e *habeas data,* meios processuais considerados mais adequados para combatê-las.

#### 2.3.3.2 Ato que desafia ação popular

Embora não se verifique nenhuma vedação legal para o *writ of mandamus* ser manejado quando o ato ou omissão praticado por autoridade puder ser questionado também pela via da ação popular, o entendimento plasmado na Súmula n.º 101, do Supremo Tribunal Federal, firma-se no sentido de que "o mandado de segurança não substitui a ação popular" e se justifica na medida em que "[...] o rito processual daquele não se coaduna com a maior amplitude das discussões e provas necessárias ao julgamento da ação popular"[186], situação que, aliás, torna-se evidente a partir do exame do rito previsto na Lei n.º 4.717/1965.

#### 2.3.3.3 Ato administrativo do qual caiba recurso dotado de efeito suspensivo

Infere-se, a partir da redação do artigo 5°, inciso I, da Lei n.º 12.016/2009, que, se for praticado um ato na esfera administrativa com relação ao qual a parte sucumbente no objeto da decisão possa interpor recurso dotado de efeito suspensivo — é dizer, capaz de impedir, durante a sua tramitação, que a decisão desfavorável gere

---

[185] LOPES, Mauro Luís Rocha. *Comentários à Nova Lei do Mandado de Segurança*. Rio de Janeiro: Impetus, 2009, p. 29.

[186] BARBI, Celso Agrícola. *Do mandado de segurança*. 10. ed. rev. aum. Rio de Janeiro: Forense, 2001, p. 74.

efeitos e seja imediatamente exequível[187] —, independentemente de lhe ser exigida caução[188], não se faria presente o indicador de necessidade e, por conseguinte, o interesse processual autorizador da impetração de mandado de segurança por poder o direito material ser tutelado ainda na esfera administrativa[189].

A questão, contudo, mostra-se deveras controvertida. De um lado, há vertente que sustenta a inconstitucionalidade da Lei do Mandado de Segurança no particular, sob o argumento de que condicionar o acesso ao Judiciário ao esgotamento da instância administrativa viola o princípio da inafastabilidade do controle jurisdicional[190], insculpido no artigo 5°, inciso XXXV, da Constituição Federal[191].

De outro, tem-se autores que, além de defenderem a necessidade de ressignificação do princípios do acesso à justiça e de seu consectário princípio da inafastabilidade do controle jurisdicional, "[...] argumentando que no contexto de um Estado Democrático de Direito o monopólio jurisdicional não mais se sustenta, sendo inexorável que se privilegie a desjudicialização dos conflitos e que a adjudicação de litígios, nesse passo, represente uma instância residual de tratamento"[192], também afirmam que, particularmente no caso

---

[187] LEITE, Carlos Henrique Bezerra. *Curso de direito processual do trabalho*. 19. ed. São Paulo: Saraiva, 2021. *E-book*, p. 1.395.

[188] Isso porque a Súmula Vinculante n.° 21, do Supremo Tribunal Federal, expressamente estabelece que: "É inconstitucional a exigência de depósito ou arrolamento prévios de dinheiro ou bens para admissibilidade de recurso administrativo", de sorte que o caucionamento ou não do recurso há de ser considerado fato irrelevante para aferição do cabimento, ou não, de mandado de segurança.

[189] BEBBER, Julio Cesar. *Mandado de segurança individual e coletivo na Justiça do Trabalho*. 3. ed. rev. atual. São Paulo: Linotec Produção Editorial, 2020, p. 53.

[190] TEIXEIRA FILHO, Manuel Antônio. *Mandado de segurança na Justiça do Trabalho* – individual e coletivo. 4. ed. São Paulo: LTr, 2017, p. 176.

[191] "Art. 5° [...] XXXV. A lei não excluirá da apreciação do Poder Judiciário lesão ou ameaça a direito"

[192] CAMPOS, Amália Rosa de. A plataforma digital 'consumidor.gov': a obrigatoriedade de prévia tentativa de solução virtual de conflitos e a (in)afastabilidade do controle jurisdicional. *In*: VEIGA,

sob análise, a parte prejudicada tem a prerrogativa de: a) "[...] deixar escoar *in albis* o prazo — dentro do qual o ato ainda será inoperante, não trazendo prejuízos — para interpor recurso administrativo, podendo se valer, em seguida, da impetração"[193] do mandado de segurança; ou b) interpor o recurso administrativo e, a qualquer tempo, dele desistir, hipótese na qual também poderá impetrar o *writ*, desde que não esgotado o prazo legalmente estabelecido para tanto[194].

Ainda quanto ao tema, merece registro o fato de que a restrição ao cabimento de mandado de segurança sob comento não se estende àqueles atos administrativos provenientes de conduta omissiva. Isso porque "[...] se a autoridade omite a prática do ato devido, e que configura lesão a direito líquido e certo, de nada adiantará o recurso com efeito suspensivo, tendo em vista que este apenas assegurará a manutenção da situação lesiva por omissão"[195].

Do mesmo modo, a doutrina admite a impetração do *mandamus* na hipótese de o recurso administrativo interposto, mesmo admitido com efeito suspensivo, não ser julgado no prazo estabelecido em lei[196], havendo inclusive entendimento que admite a aplicação analógica do

---

Fábio da Silva; AMORIM, José de Campos; AZEVEDO, Patrícia Anjos (coord.). *Desafios do legal tech*. Porto: IBEROJUR, 2020. *E-book*, p. 126-127.

[193] LOPES, Mauro Luís Rocha. *Comentários à Nova Lei do Mandado de Segurança*. Rio de Janeiro: Impetus, 2009, p. 30.

[194] No ponto, Humberto Theodoro Júnior sustenta também que, caso tenha a parte prejudicada concomitantemente interposto recurso administrativo dotado de efeito suspensivo e impetrado mandado de segurança, não deve o *writ* ser extinto sem resolução do mérito por carência de ação, devendo o julgador, na hipótese, considerar que houve desistência tácita do recurso administrativo. THEODORO JÚNIOR, Humberto. *Lei do Mandado de Segurança comentada*: artigo por artigo. 2. ed. Rio de Janeiro: Forense, 2019. *E-book*, p. 184.

[195] FUX, Luiz. *Mandado de Segurança*. 2. ed. Rio de Janeiro: Forense, 2019, p. 65.

[196] LOPES, Mauro Luís Rocha. *Comentários à Nova Lei do Mandado de Segurança*. Rio de Janeiro: Impetus, 2009, p. 31.

prazo de 60 (sessenta) dias, previsto no artigo 217, parágrafo segundo, da Constituição Federal[197], em caso de silêncio do legislador[198].

### *2.3.4 Ato judicial do qual caiba recurso ou que possa ser modificado pela via correcional*

Segundo se dessume do artigo 5°, inciso II, da Lei n.º 12.016/2009, os atos materialmente jurisdicionais praticados pelas cortes brasileiras não admitirão a impetração da segurança quando se admitir, quanto a eles, a interposição de recurso ao qual se possa reconhecer efeito suspensivo ou mesmo ato correcional.

A lógica empregada, nesse caso, é a de que, havendo a possibilidade do ato judicial ser atacado por recurso dotado de efeito suspensivo, seja ele previsto na lei ou passível de concessão mediante provocação da parte recorrente — caso, exemplificativamente, do artigo 1.029, parágrafo quinto, do Código de Processo Civil[199], cuja aplicação ao recurso ordinário trabalhista é autorizada pelo inciso I, da Súmula n.º 414, do Tribunal Superior do Trabalho[200] —, é vedado ao sucumbente deixar de interpor o recurso e, em seu lugar, impetrar

---

[197] "Art. 217 [...] § 2º. A justiça desportiva terá o prazo máximo de sessenta dias, contados da instauração do processo, para proferir decisão final".

[198] TEIXEIRA FILHO, Manuel Antônio. *Mandado de segurança na Justiça do Trabalho* – individual e coletivo. 4. ed. São Paulo: LTr, 2017, p. 177.

[199] "Art. 1.012. A apelação terá efeito suspensivo. [...] § 3º O pedido de concessão de efeito suspensivo nas hipóteses do § 1º poderá ser formulado por requerimento dirigido ao [...]"; "Art. 1.029. O recurso extraordinário e o recurso especial, nos casos previstos na Constituição Federal, serão interpostos perante o presidente ou o vice-presidente do tribunal recorrido, em petições distintas que conterão [...] § 5º O pedido de concessão de efeito suspensivo a recurso extraordinário ou a recurso especial poderá ser formulado por requerimento dirigido: [...]"

[200] "Súmula 414 [...] I. A tutela provisória concedida na sentença não comporta impugnação pela via do mandado de segurança, por ser impugnável mediante recurso ordinário. É admissível a obtenção de efeito suspensivo ao recurso ordinário mediante requerimento dirigido ao tribunal, ao relator ou ao presidente ou ao vice-presidente do tribunal recorrido, por aplicação subsidiária ao processo do trabalho do artigo 1.029, § 5º, do CPC/2015".

mandado de segurança sob pena de subversão do sistema, já que o remédio constitucional, nesse caso, faria as vezes de um recurso com prazo de interposição de 120 (cento e vinte) dias e passaria à condição de regra, não de exceção.[201]

Particularmente, no que pertine às relações processuais de trabalho que, como é cediço, caracterizam-se pela ausência de efeito suspensivo aos recursos[202] e pela irrecorribilidade imediata das decisões interlocutórias[203], o entendido que prepondera e se encontra positivado, inclusive, na Orientação Jurisprudencial n.º 92, da Sessão de Dissídios Individuais II, do Tribunal Superior do Trabalho[204] — OJ 92 SDI-II, é o de que, como regra, o tão só fato de o ordenamento jurídico prever a possibilidade de recurso em face da decisão, ainda que com efeito diferido (é dizer, ainda que cabível apenas em momento futuro, após proferimento de sentença ou acórdão[205], desde que, nos termos do artigo 795, *caput*[206], da Consolidação das Leis do Trabalho,

---

[201] VELLOSO, Carlos Mario da Silva. Do Mandado de Segurança. *Revista da Faculdade de Direito da Universidade Federal de Minas Gerais*, Belo Horizonte, n. 22, 1979, p. 81-114, p. 108-109.

[202] "Art. 899. Os recursos serão interpostos por simples petição e terão efeito meramente devolutivo, salvo as exceções previstas neste Título, permitida a execução provisória até a penhora".

[203] "Art. 893. Das decisões são admissíveis os seguintes recursos: [...] §1° Os incidentes do processo são resolvidos pelo próprio Juízo ou Tribunal, admitindo-se a apreciação do merecimento das decisões interlocutórias somente em recursos da decisão definitiva". O rol de exceções à regra supratranscrita consta da Súmula n.º 214, do Tribunal Superior do Trabalho, de acordo com a qual: "Na Justiça do Trabalho, nos termos do art. 893, § 1º, da CLT, as decisões interlocutórias não ensejam recurso imediato, salvo nas hipóteses de decisão: a) de Tribunal Regional do Trabalho contrária à Súmula ou Orientação Jurisprudencial do Tribunal Superior do Trabalho; b) suscetível de impugnação mediante recurso para o mesmo Tribunal; c) que acolhe exceção de incompetência territorial, com a remessa dos autos para Tribunal Regional distinto daquele a que se vincula o juízo excepcionado, consoante o disposto no art. 799, § 2º, da CLT".

[204] "Mandado de segurança. Existência de recurso próprio. Não cabe mandado de segurança contra decisão judicial passível de reforma mediante recurso próprio, ainda que com efeito diferido".

[205] LEITE, Carlos Henrique Bezerra. *Curso de direito processual do trabalho*. 19. ed. São Paulo: Saraiva, 2021. *E-book*, p. 2.370.

[206] "Art. 795. As nulidades não serão declaradas senão mediante provocação das partes, as quais deverão argüi-las à primeira vez em que tiverem de falar em audiência ou nos autos".

tenha sido registrado o correspondente protesto antipreclusivo) já inviabilize o manejo da ação de segurança, sob pena, novamente, de ser o *writ* utilizado como mero sucedâneo recursal.

Não obstante, deve-se ter em conta a existência, no ponto, de algumas exceções. A primeira relaciona-se ao entendimento pretoriano de que o mandado de segurança terá cabimento em se tratando de decisão judicial manifestamente teratológica, assim compreendida como aquela que produz verdadeira aberração jurídica ou pode causar dano irreparável ou de difícil reparação caso tenha exequibilidade imediata e não se disponha de recurso específico para obstar tais efeitos[207].

A segunda diz respeito a um rol específico de decisões interlocutórias proferidas no curso do processo juslaboral e que, em razão de sua irrecorribilidade imediata, somada à ilegalidade/abusividade do ato e ao potencial prejuízo daí advindo, acabam por autorizar o manejo da segurança. É o caso, exemplificativamente:

> a) da Súmula n.º 414, inciso II, do Tribunal Superior do Trabalho[208], que afirma o cabimento da ação constitucional em face de decisões que deferem ou indeferem tutela de urgência em caráter antecipatório, aqui sendo necessário observar que essa autorização não se estende para os casos pontuais previstos na OJ 140 da SDI-II[209] (denegação ou concessão de liminar em mandado de segurança por relator, já que

---

[207] BEBBER, Julio Cesar. *Mandado de segurança individual e coletivo na Justiça do Trabalho*. 3. ed. rev. atual. São Paulo: Linotec Produção Editorial, 2020, p. 140.

[208] "Súmula 414 [...] II. No caso de a tutela provisória haver sido concedida ou indeferida antes da sentença, cabe mandado de segurança, em face da inexistência de recurso próprio".

[209] "Mandado de segurança. Liminar, concedida ou denegada em outra segurança. descabimento de novo writ. Lei 1.533/1951, art. 8º, parágrafo único. Não cabe mandado de segurança para impugnar despacho que acolheu ou indeferiu liminar em outro mandado de segurança".

o ato é atacável por agravo regimental ou interno, a depender de previsão constante do regimento de cada tribunal) e na OJ 142 da SDI II[210] (reintegração em caráter antecipatório[211] de anistiado, integrante de comissão de fábrica, dirigente sindical, portador de doença profissional, portador de HIV ou detentor de estabilidade provisória prevista em instrumento coletivo), do mesmo Tribunal; e nos artigos 659, incisos IX[212] (suspensão em caráter antecipatório de transferência ilegal de empregado) e X (reintegração em caráter antecipatório de dirigente sindical), ambos da Consolidação das Leis do Trabalho;

b) da OJ 98, da SDI-II[213], do Tribunal Superior do Trabalho, que dispõe sobre o cabimento da segurança relativamente à decisão interlocutória que exige prévio depósito do valor dos honorários periciais; e

---

210 "Mandado de segurança. Tutela antecipatória. Liminar. AIDS. Vírus HIV. Reintegração no emprego liminarmente concedida. Possibilidade. Inexistência de direito líquido e certo. Estabilidade provisória. Doença profissional. Seguridade social. Inexiste direito líquido e certo a ser oposto contra ato de Juiz que, antecipando a tutela jurisdicional, determina a reintegração do empregado até a decisão final do processo, quando demonstrada a razoabilidade do direito subjetivo material, como nos casos de anistiado pela da Lei 8.878/94, aposentado, integrante de comissão de fábrica, dirigente sindical, portador de doença profissional, portador de vírus HIV ou detentor de estabilidade provisória prevista em norma coletiva".

211 A hipótese aqui indicada é extremamente similar àquela prevista na OJ 63, da SDI II, do Tribunal Superior do Trabalho, que trata da concessão de liminar em ação cautelar voltada à reintegração ao emprego. Isso porque, com o advento do Código de Processo Civil e a disciplina conferida às tutelas de urgência e evidência, passa a haver uma "[...] fungibilidade entre a tutela cautelar e a tutela antecipatória [...]", razão pela qual parcela da doutrina sustenta que "[...] em linha de princípio, não há direito líquido e certo do empregador em ver cassado o provimento jurisdicional que manda, ordenar a reintegração liminar do empregado", não devendo, por isso, a despeito da previsão pretoriana, ser admitido o cabimento de mandado de segurança no particular.

212 "Art. 659. Competem privativamente aos Presidentes das Juntas, além das que lhes forem conferidas neste Título e das decorrentes de seu cargo, as seguintes atribuições: [...] IX - conceder medida liminar, até decisão final do processo, em reclamações trabalhistas que visem a tornar sem efeito transferência disciplinada pelos parágrafos do artigo 469 desta Consolidação. X - conceder medida liminar, até decisão final do processo, em reclamações trabalhistas que visem reintegrar no emprego dirigente sindical afastado, suspenso ou dispensado pelo empregador".

213 "Mandado de segurança. Cabível para atacar exigência de depósito prévio de honorários periciais. É ilegal a exigência de depósito prévio para custeio dos honorários periciais, dada a

c) de decisão interlocutória que contrarie a jurisprudência pacífica, reiterada e notória do Tribunal Superior do Trabalho[214].

### 2.3.4.1 Ato judicial transitado em julgado

Dispõe o artigo 5°, inciso III[215], da Lei n.º 12.016/2009, que também os atos judiciais que houverem transitado em julgado não poderão ser questionados pela via do mandado de segurança, em entendimento que é ratificado pela Súmula n.º 268, do Supremo Tribunal Federal[216], e Súmula n.º 33, do Tribunal Superior do Trabalho[217].

Isso se dá, em essência, em razão de dois fatores: o primeiro, relacionado ao fato de que "[...] os casos de afastamento da coisa julgada são absolutamente excepcionais, e têm de ser interpretados restritivamente [...]"[218], razão pela qual o remédio padrão disponibilizado pelo ordenamento para esse fim é a ação rescisória; e o segundo, advindo do fato de que o mandado de segurança, "[...] para ser adequadamente empregado como 'sucedâneo recursal' [...] pressupõe algum ponto de estrangulamento do sistema e não meramente o insucesso pontual de algum pedido ou requerimento negado pelo magistrado no caso concreto"[219].

---

incompatibilidade com o processo do trabalho, sendo cabível o mandado de segurança visando à realização da perícia, independentemente do depósito".

[214] PAMPLONA FILHO, Rodolfo; SOUZA, Tércio Roberto Peixoto. *Curso de direito processual do trabalho*. 2. ed. São Paulo: Saraiva, 2020. *E-book*, p. 1.311.

[215] "Art. 5° [...] III. de decisão judicial transitada em julgado".

[216] "Não cabe mandado de segurança contra decisão judicial com trânsito em julgado".

[217] "Mandado de segurança. Decisão judicial transitada em julgado. Não cabe mandado de segurança de decisão judicial transitada em julgado".

[218] CÂMARA, Alexandre Freitas. *Manual do Mandado de Segurança*. 2. ed. São Paulo: Atlas, p. 117.

[219] BUENO, Cássio Scarpinella. *A nova lei do mandado de segurança*. 2. ed. rev. atual. ampl. São Paulo: Saraiva, 2011, p. 37.

Tal entendimento, é importante referir, aplica-se tanto àqueles casos em que a parte houver interposto todos os recursos cabíveis, como naqueles em que não o tenha feito, bem como às hipóteses em que a decisão se encontre sob o pálio da coisa julgada material ou apenas formal[220], o que, aliás, é reforçado pela OJ 99[221], da SDI-II, do Tribunal Superior do Trabalho.[222] Contudo, não se estende: a terceiros, que consoante estabelece a Súmula n.º 202[223], do Superior Tribunal de Justiça, poderão impetrar o *mandamus* desde que não tenham tomado parte no processo em que foi proferida decisão que viole direito líquido e certo seu, apenas tomando conhecimento acerca de sua existência após o trânsito em julgado já haver se operado[224];

---

[220] A coisa julgada material, segundo se extrai do artigo 502, do Código de Processo Civil, é aquela "[...] que torna imutável e indiscutível a decisão de mérito não mais sujeita a recurso". A coisa julgada formal, a seu turno, é aquela que deriva da "[...] imutabilidade da sentença dentro do processo em que foi proferida pela impossibilidade de interposição de recursos, quer porque a lei não mais os admite, quer porque se esgotou o prazo estipulado pela lei sem interposição pelo vencido, quer porque o recorrente tenha desistido do recurso interposto ou ainda tenha renunciado à sua interposição". Assim, tem-se que "a coisa julgada formal atua dentro do processo em que a sentença foi proferida, sem impedir que o objeto do julgamento volte a ser discutido em outro processo. Já a coisa julgada material, revelando a lei das partes, produz seus efeitos no mesmo processo ou em qualquer outro, vedando o reexame da *res in iudicium deducta*, por já definitivamente apreciada e julgada. A coisa julgada formal pode existir sozinha em determinado caso, como ocorre nas sentenças meramente terminativas, que apenas extinguem o processo sem julgar a lide. Mas a coisa julgada material só pode ocorrer de par com a coisa julgada formal, isto é, toda sentença para transitar materialmente em julgado deve, também, passar em julgado formalmente". THEODORO JÚNIOR, Humberto. *Curso de direito processual civil*. 59. ed. rev. atual. ampl. Rio de Janeiro: Forense, 2018. *E-book*, p. 1.122.

[221] "Mandado de segurança. Coisa julgada. Esgotamento de todas as vias processuais disponíveis. Trânsito em julgado formal. Descabimento do writ. Esgotadas as vias recursais existentes, não cabe mandado de segurança".

[222] BEBBER, Julio Cesar. *Mandado de segurança individual e coletivo na Justiça do Trabalho*. 3. ed. rev. atual. São Paulo: Linotec Produção Editorial, 2020, p. 145.

[223] "A impetração de Mandado de Segurança por terceiro contra ato judicial, não se condiciona à interposição de recurso".

[224] FUX, Luiz. *Mandado de Segurança*. 2. ed. Rio de Janeiro: Forense, 2019, p. 70-71.

e "[...] o julgado seja substancialmente inexistente ou nulo de pleno direito, ou não alcance o impetrante nos seus pretendidos efeitos"[225].

### 2.3.4.2 Atos de gestão ou atos administrativos regidos pelo direito privado

É possível extrair do já mencionado artigo 1°, parágrafo segundo, da Lei n.º 12.016/2009, mais uma hipótese de não cabimento do mandado de segurança. Em que pese geograficamente dissociada das previsões legais análogas já trazidas à baila, extrai-se da norma retromencionada diretriz segundo a qual não será cabível o mandado de segurança quando este se destine a atacar atos de gestão que hajam sido praticados por administradores de empresas públicas, sociedades de economia mista e concessionárias de serviço público[226].

E isso se dá porque, nessa hipótese, embora o sujeito praticante do ato administrativo seja o Estado, suas condutas comissivas e omissivas são regidas por normas jurídicas de direito privado que pressupõem o consenso entre as partes, o que acaba por equipará-lo à figura dos particulares, daí derivando a impossibilidade de uso do *mandamus* e a necessidade de se recorrer à legislação comum para a tutela do direito material violado[227].

Diversamente, caso se esteja diante de um ato de império, por meio do qual o Poder Público exerce a prerrogativa de impor sua vontade e cria obrigações para os particulares, afetando a esfera

---

225 MEIRELLES, Hely Lopes; WALD, Arnoldo; MENDES, Gilmar Ferreira. *Mandado de segurança e ações constitucionais*. 36. ed. atual. ampl. São Paulo: Malheiros, 2014, p. 51.

226 CÂMARA, Alexandre Freitas. *Manual do Mandado de Segurança*. 2. ed. São Paulo: Atlas, p. 123-124.

227 BARBI, Celso Agrícola. *Do mandado de segurança*. 10. ed. rev. aum. Rio de Janeiro: Forense, 2001, p. 78.

jurídica destes últimos de maneira efetiva[228], será cabível o mandado de segurança.

### 2.3.4.3 Lei em tese

Consoante se extrai da compreensão da Súmula n.º 266 do Supremo Tribunal Federal[229], é vedada a impetração do *mandamus* para o fim de combater lei em tese, assim considerada como aquela que, em sendo genérica e abstrata, necessita de um ato administrativo para que seja executável[230].

Segundo se infere a partir da doutrina, são essencialmente dois os fundamentos que justificam a hipótese de não cabimento: o primeiro, de que somente se pode admitir que o Poder Judiciário efetue o controle dos atos normativos editados pelo Poder Legislativo em casos excepcionais, sob pena de violação do princípio da separação dos poderes, o que não seria o caso do mandado de segurança, por absoluta ausência de previsão legal neste sentido[231]; e o segundo, de que é condição especial da ação de segurança que um direito subjetivo, líquido e certo, seja ameaçado ou efetivamente lesado, elemento este que não se faz presente na lei em tese, justamente porque se trata de ato normativo inexequível de imediato[232].

---

228 DI PIETRO, Maria Silvia Zanella. *Direito Administrativo*. 32. ed. Rio de Janeiro: Forense, 2019. *E-book*, p. 462-463.

229 "Não cabe mandado de segurança contra lei em tese".

230 BARBI, Celso Agrícola. *Do mandado de segurança*. 10. ed. rev. aum. Rio de Janeiro: Forense, 2001, p. 103.

231 CÂMARA, Alexandre Freitas. *Manual do Mandado de Segurança*. 2. ed. São Paulo: Atlas, p. 128

232 OLIVEIRA, Francisco Antônio de. *Mandado de segurança e controle constitucional*. 4. ed. São Paulo: LTr, 2012, p. 159-60.

### 2.3.4.4 Autocomposição de conflitos juslaborais

A vocação conciliatória da Justiça Especializada do Trabalho se manifesta no âmbito processual em diversas oportunidades. Como é cediço, o Sistema Multiportas da Justiça do Trabalho compreende a possibilidade de as partes buscarem a autocomposição em momento:

> a) pré-processual, assim considerado como aquele no qual não há lide ainda instaurada. É o caso das homologações de acordos extrajudiciais disciplinadas pelo artigo 855-B, *caput*[233], da Consolidação das Leis do Trabalho e dos pedidos de mediação pré-processual assegurados aos disputantes envolvidos em conflitos individuais ou coletivos de trabalho, estes usualmente previstos em resoluções dos próprios Tribunais; ou
> b) processual, que corresponde àquele em que a busca pelo consenso ocorre no âmbito do Poder Judiciário ou sob sua chancela, compreendendo as autocomposições endoprocessuais que podem, ainda, ser subdivididas em ***incidentais***, como é o caso daquelas realizadas no momento reservado para tanto no curso de audiências judiciais ou durante a tramitação do feito, a teor do que dispõem os artigos 764[234], 831[235], 846[236] e 852-E[237], todos da Consolidação das Leis do Trabalho; ou em ***anexas***, realizadas exemplificativamente pelos Centros Judiciários de Solução de Conflito e Cidadania (CEJUSC),

233 "Art. 855-B. O processo de homologação de acordo extrajudicial terá início por petição conjunta, sendo obrigatória a representação das partes por advogado".

234 "Art. 764. Os dissídios individuais ou coletivos submetidos à apreciação da Justiça do Trabalho serão sempre sujeitos à conciliação".

235 "Art. 831. A decisão será proferida depois de rejeitada pelas partes a proposta de conciliação".

236 "Art. 846. Aberta a audiência, o juiz ou presidente proporá a conciliação".

237 "Art. 852-E. Aberta a sessão, o juiz esclarecerá as partes presentes sobre as vantagens da conciliação e usará os meios adequados de persuasão para a solução conciliatória do litígio, em qualquer fase da audiência".

em razão da política estabelecida, dentre outros, pela Resolução n.º 174/2016, do Conselho Superior da Justiça do Trabalho.[238]

Particularmente para aquelas formas de autocomposição de conflitos em que houver o ajuizamento de ação, tome ela a forma de procedimento de jurisdição voluntária ou contenciosa, incumbe ao magistrado o poder-dever de apreciar a transação celebrada e decidir, sempre de forma fundamentada, se ela se encontra ou não em condições de ser homologada e, por conseguinte, apta a dimanar efeitos jurídicos, podendo as partes, caso irresignadas com a decisão proferida e presentes argumentos jurídicos que autorizem sua revisão, lançarem mão de recurso ordinário para buscar a reforma do *decisum*. Justamente, pois, em razão da existência de recurso hábil a atacar a decisão e da compreensão de que "a homologação de acordo constitui faculdade do juiz [...]", é que o Tribunal Superior do Trabalho, a partir da redação da Súmula n.º 418[239], estabelece o não cabimento de mandado de segurança nessa hipótese.

### 2.3.4.5 Atos judiciais relacionados à penhora

Extrai-se do artigo 832, da Consolidação das Leis do Trabalho, que a garantia da execução pode ser levada a cabo pela realização de depósito judicial, apresentação de seguro-garantia ou nomeação de bens à penha. O mesmo dispositivo estabelece que, em optando

---

[238] Para uma proposta mais exaustiva de classificação dos métodos adequados de solução de conflitos e do Sistema de Justiça Multiportas adotado pela Justiça Especializada do Trabalho brasileira, veja-se: CAMPOS, Amália Rosa de. *A conciliação judicial trabalhista*: possibilidade de otimização a partir da aplicação de técnicas e ferramentas inerentes aos mecanismos negocial e mediativo de solução de conflitos. Dissertação (Mestrado em Direito) – Escola de Direito, Pontifícia Universidade Católica do Rio Grande do Sul, Porto Alegre, 2021, p. 194-210 e 246-261.

[239] "A homologação de acordo constitui faculdade do juiz, inexistindo direito líquido e certo tutelável pela via do mandado de segurança".

o executado por se valer da indicação de bens para penhora, será necessário observar a ordem estabelecida pelo artigo 835, do Código de Processo Civil[240], que, como é cediço, prioriza a constrição de dinheiro, em espécie ou disponível junto à instituição financeira.

A partir dessa premissa, duas situações passam a se tornar comuns no cotidiano forense:

> a) a nomeação pelo executado, de bem à penhora que não se encontre em consonância com a ordem de preferência estabelecida nas legislações processuais trabalhista e cível, a ocasionar manifestação de discordância por parte do exequente, acompanhada da constrição de numerário, assim gerando irresignação por parte do devedor, que a seu turno alega que a medida viola seu direito líquido e certo a que a execução se desenvolva da forma menos gravosa possível, a teor do artigo 805, do Diploma Processual Cível[241];[242] e
> b) a penhora de dinheiro disponível junto à instituição financeira, por ato voluntário ou em razão de determinação judicial nesse

---

[240] "Art. 835. A penhora observará, preferencialmente, a seguinte ordem: I - dinheiro, em espécie ou em depósito ou aplicação em instituição financeira; II - títulos da dívida pública da União, dos Estados e do Distrito Federal com cotação em mercado; III - títulos e valores mobiliários com cotação em mercado; IV - veículos de via terrestre; V - bens imóveis; VI - bens móveis em geral; VII - semoventes; VIII - navios e aeronaves; IX - ações e quotas de sociedades simples e empresárias; X - percentual do faturamento de empresa devedora; XI - pedras e metais preciosos; XII - direitos aquisitivos derivados de promessa de compra e venda e de alienação fiduciária em garantia; XIII - outros direitos. § 1º É prioritária a penhora em dinheiro, podendo o juiz, nas demais hipóteses, alterar a ordem prevista no caput de acordo com as circunstâncias do caso concreto. § 2º Para fins de substituição da penhora, equiparam-se a dinheiro a fiança bancária e o seguro garantia judicial, desde que em valor não inferior ao do débito constante da inicial, acrescido de trinta por cento. § 3º Na execução de crédito com garantia real, a penhora recairá sobre a coisa dada em garantia, e, se a coisa pertencer a terceiro garantidor, este também será intimado da penhora".

[241] "Art. 805. Quando por vários meios o exequente puder promover a execução, o juiz mandará que se faça pelo modo menos gravoso para o executado".

[242] LEITE, Carlos Henrique Bezerra. *Curso de direito processual do trabalho*. 19. ed. São Paulo: Saraiva, 2021. *E-book*, p. 2.379.

> sentido, acompanhada da pretensão do executado de que o valor correspondente permaneça depositado junto ao banco, com o que tende a não concordar o exequente, haja vista que nessa hipótese fica ele alijado dos dividendos daí decorrentes, gerando nova alegação do devedor de violação a direito líquido e certo de sua titularidade.[243]

Para esses casos, não obstante, o entendimento pretoriano, plasmado no incisos I e II, da Súmula n.º 417, do Tribunal Superior do Trabalho, firma-se no sentido de que "não fere direito líquido e certo do impetrante o ato judicial que determina penhora em dinheiro do executado para garantir crédito exequendo, pois é prioritária e obedece à gradação prevista no art. 835 do Código de Processo Civil de 2015 [...]" e de que "havendo discordância do credor, em execução definitiva, não tem o executado direito líquido e certo a que os valores penhorados em dinheiro fiquem depositados no próprio banco, ainda que atenda aos requisitos do art. 840, I, do CPC de 2015".

Necessário observar, contudo, que o mandado de segurança poderá ser impetrado no caso de a ordem de penhora recair sobre valores existentes em conta-salário, como, aliás, preceitua a OJ 153, da SDI-I do Tribunal Superior do Trabalho[244]. Tal previsão, não obstante, há de ser recebida com algumas ressalvas, haja vista que o próprio Código de Processo Civil, em seu artigo 833, parágrafo segundo, admite a possibilidade de penhora quando se prestar ela ao adimplemento

---

[243] BORGES, Leonardo. Súmula 417. *In*: ROCHA, Andréa Presas; ALVES NETO, João (orgs.). *Súmulas do TST comentadas*. Rio de Janeiro: Elsevier, 2011, p. 508-510, p. 509.

[244] "Ofende direito líquido e certo decisão que determina o bloqueio de numerário existente em conta salário, para satisfação de crédito trabalhista, ainda que seja limitado a determinado percentual dos valores recebidos ou a valor revertido para fundo de aplicação ou poupança, visto que o art. 649, IV, do CPC de 1973 contém norma imperativa que não admite interpretação ampliativa, sendo a exceção prevista no art. 649, § 2º, do CPC de 1973 espécie e não gênero de crédito de natureza alimentícia, não englobando o crédito trabalhista".

de prestação alimentícia — caso da maioria das verbas de natureza trabalhista — ou ainda quando o salário disponível em conta exceder a cinquenta salários-mínimos mensais.

Superadas as questões atinentes às condições da ação de segurança, dedica-se o próximo título à indicação e explanação daqueles que se consideram, em razão do que mais comumente sobre o tema é mencionado pela doutrina, como os principais aspectos processuais cujo conhecimento é indispensável para o adequado manejo do *writ*.

# OUTROS ASPECTOS PROCESSUAIS RELEVANTES

Por se tratar o mandado de segurança de ação constitucional que imprescinde de regulamentação — efetivada pela Lei n.º 12.016/2009 — e, que, ainda assim, abebera-se de algumas disposições constantes na legislação processual civil e trabalhista, de aplicação subsidiária, necessário reservar um título específico do presente estudo para que as suas peculiaridades ritualísticas possam ser devidamente destacadas e endereçadas.

Em razão dos limites objetivos do presente estudo, contudo, não se faz possível a análise, à exaustão, de todos os aspectos processuais relevantes afeitos às ações de segurança submetidas à competência da Justiça do Trabalho, razão pela qual, nas linhas que seguem, são trazidos à baila aqueles temas considerados de maior relevo e que se dividem, respectivamente, em: questões atinentes à competência; prazo para interposição da demanda; características da petição inicial; desistência da lide; liminar e suspensão da ordem de segurança; e, por fim, cabimento e competência recursais.

## 3.1 Competência originária

Como bem salienta a doutrina, "nunca houve maiores controvérsias sobre a competência da Justiça do Trabalho para conceder mandado de segurança"[245]. Isso se dá essencialmente porque a própria Consolidação das Leis do Trabalho[246] já dispunha que a referida ação constitucional poderia ser conhecida, processada e julgada.

Essa competência, não obstante, via-se adstrita aos atos administrativos e jurisdicionais emanados da própria Justiça Especializada do Trabalho, o que inviabilizava que os *mandamus* fossem impetrados em primeiro grau de jurisdição, figurando os Tribunais Regionais do Trabalho como instâncias originárias por padrão.

Esse cenário foi significativamente alterado a partir do advento da Emenda Constitucional n.° 45/2004, que não apenas incluiu, no artigo 114, do texto constitucional[247], previsão expressa da competência da Justiça do Trabalho para julgar ações de segurança quanto aos atos que envolvam matéria sujeita à sua jurisdição, como ampliou sua competência material, que passou a açambarcar, entre outras,

---

[245] TEIXEIRA FILHO, Manoel Antônio. *Breves comentários à reforma do Poder Judiciário (com ênfase à justiça do trabalho)*: emenda constitucional 45/04. São Paulo: LTr, 2005, p. 186.

[246] "Art. 678. Aos Tribunais Regionais, quando divididos em Turmas, compete: I - ao Tribunal Pleno, especialmente. [...] b) processar e julgar originariamente: [...] 3) os mandados de segurança".

[247] "Art. 114. Compete à Justiça do Trabalho processar e julgar: I as ações oriundas da relação de trabalho, abrangidos os entes de direito público externo e da administração pública direta e indireta da União, dos Estados, do Distrito Federal e dos Municípios [...] IV os mandados de segurança, *habeas corpus* e *habeas data* , quando o ato questionado envolver matéria sujeita à sua jurisdição; [...] VII as ações relativas às penalidades administrativas impostas aos empregadores pelos órgãos de fiscalização das relações de trabalho;"

"[...] as ações oriundas da relação de trabalho, abrangidos os entes de direito público externo e da administração pública direta e indireta da União, dos Estados, do Distrito Federal e dos Municípios" e "as ações relativas às penalidades administrativas impostas aos empregadores pelos órgãos de fiscalização das relações de trabalho".[248]

Como resultado disso, hodiernamente a competência da Justiça do Trabalho para julgar mandados de segurança é fixada "[...] tomando em conta a qualificação da autoridade coatora (*rationae auctoritatis*) e o grau hierárquico que ela ocupa (*rationae muneris*)"[249].

Assim, as varas do trabalho os juízos de Direito (naqueles locais em que não houver jurisdição trabalhista)[250] serão subsidiariamente competentes para julgar aqueles mandados de segurança que busquem combater ato coator praticado por autoridade administrativa[251], como é o caso de auditores fiscais do trabalho, procuradores do trabalho e dirigentes de empresas públicas ou sociedades de economia mista.

Os Tribunais Regionais do Trabalho, por sua vez, tanto serão competentes para processar e julgar: a) os atos administrativos praticados por servidor de secretaria de Vara do Trabalho ou ainda pelo presidente, órgão pleno, seção ou turma do Tribunal Regional do Trabalho respectivo; e b) os atos jurisdicionais praticados pelo juiz do trabalho (substituto ou titular) e juiz de Direito investido de jurisdição trabalhista, presidente, desembargador, seção ou turma do próprio

---

[248] LEITE, Carlos Henrique Bezerra. *Curso de direito processual do trabalho*. 19. ed. São Paulo: Saraiva, 2021. *E-book*, p. 2.344.

[249] BEBBER, Julio Cesar. *Mandado de segurança individual e coletivo na Justiça do Trabalho*. 3. ed. rev. atual. São Paulo: Linotec Produção Editorial, 2020, p. 29.

[250] Dispõe o artigo 112, da Constituição Federal: "A lei criará varas da Justiça do Trabalho, podendo, nas comarcas não abrangidas por sua jurisdição, atribuí-la aos juízes de direito, com recurso para o respectivo Tribunal Regional do Trabalho".

[251] TEIXEIRA FILHO, Manuel Antônio. *Mandado de segurança na Justiça do Trabalho* – individual e coletivo. 4. ed. São Paulo: LTr, 2017, p. 187.

Tribunal Regional do Trabalho.[252] Será o regimento interno de cada Tribunal que indicará exatamente qual órgão terá competência para julgar os mandados de segurança, assim como alguns detalhamentos de ritualística.[253]

Por fim, são atos coatores de natureza administrativa passíveis de impetração de mandado de segurança junto ao Tribunal Superior do Trabalho aqueles praticados ou determinados por ministro de Estado, por servidor do próprio Tribunal e pelo presidente, órgão pleno, seção ou turma do Tribunal respectivo, sem prejuízo dos atos jurisdicionais praticados pelo presidente, ministros ou órgãos colegiados do mesmo Tribunal, que também podem ser questionados pela mesma via.[254]

Uma vez que se tenha estabelecido qual o juízo competente para receber, processar e julgar o mandado de segurança, o título subsequente busca responder à questão diversa, embora igualmente relevante, relacionada aos principais aspectos teóricos relacionados ao prazo para impetração da demanda.

## 3.2 Prazo para impetração

Em que pese já se tenha podido observar que o instituto do mandado de segurança é permeado por diversas discussões e dissensos doutrinários e jurisprudenciais, a temática relacionada ao prazo para sua impetração talvez seja um dos pontos que mais suscita debates. É por essa razão que, no título que agora se inaugura, a questão é

[252] BEBBER, Julio Cesar. *Mandado de segurança individual e coletivo na Justiça do Trabalho*. 3. ed. rev. atual. São Paulo: Linotec Produção Editorial, 2020, p. 29-30.

[253] LEITE, Carlos Henrique Bezerra. *Curso de direito processual do trabalho*. 19. ed. São Paulo: Saraiva, 2021. *E-book*, p. 2.347.

[254] BEBBER, Julio Cesar. *Mandado de segurança individual e coletivo na Justiça do Trabalho*. 3. ed. rev. atual. São Paulo: Linotec Produção Editorial, 2020, p. 29-30.

abordada sob três diferentes perspectivas: sua (in)constitucionalidade; sua natureza jurídica; e os critérios objetivos aplicáveis à contagem do prazo estabelecido por Lei.

### *3.2.1 (In)constitucionalidade do prazo legal*

Basta um exame atento da Constituição Federal em vigor, bem assim daquelas que a precederam, para que se verifique que o legislador originário jamais estabeleceu qualquer limitação temporal para que a ação de segurança pudesse ser impetrada.[255] O mesmo, contudo, não pode ser dito da legislação infraconstitucional, haja vista que tanto as Leis n.º 191/1936 e 1.533/1951[256], como a (mais) recente Lei n.º 12.016/2009 — esta no artigo 23[257] —, estabeleceram um prazo de 120 (cento e vinte) dias para o exercício do direito de ação, sob pena de extinção.

A partir desse cenário, então, exsurge um debate histórico acerca da (in)constitucionalidade da fixação de prazo legal para o manejo do remédio recursal sob comento, com relação ao qual sobressaem dois polos que apresentam entendimentos diametralmente opostos.

Em um deles, conta-se com vertente doutrinária de viés minoritário que sustenta que, por estar a ação de segurança prevista no rol do artigo 5°, da Constituição Federal, corresponde ela a um direito material e formalmente fundamental. Por essa razão, deve ser concretizado na maior medida possível[258], "[...] não podendo,

---

[255] Quanto ao tema, veja-se o título "1.1 Breve evolução legislativa", supra.

[256] BARBI, Celso Agrícola. *Do mandado de segurança*. 10. ed. rev. aum. Rio de Janeiro: Forense, 2001, p. 135.

[257] "Art. 23. O direito de requerer mandado de segurança extinguir-se-á decorridos 120 (cento e vinte) dias, contados da ciência, pelo interessado, do ato impugnado".

[258] BONOMO JÚNIOR, Aylton; ZANETI JÚNIOR, Hermes. *Mandado de segurança individual e coletivo*. Salvador: JusPodivm, 2019, p. 115.

assim, sofrer limitações por normatividade inferior, até mesmo em homenagem ao princípio da inafastabilidade do controle jurisdicional"[259]. Destarte, em tal linha, poder-se-ia defender, inclusive, sua imprescritibilidade.

Em sentido diametralmente oposto — e esboçando entendimento majoritário ratificado, inclusive, pela Súmula n.º 632[260] e pelo julgamento da Ação Direta de Inconstitucionalidade n.º 4.296[261], ambas do Supremo Tribunal Federal —, sobressai vertente que argumenta que, em razão do caráter *sui generis* do prazo de 120 (cento e vinte) dias fixado pela lei infraconstitucional (que extingue a possibilidade de impetração de mandado de segurança, mas não afeta a tutela do direito material por via judicial diversa, pelas vias ordinárias[262]), bem assim por se tratar de uma ação de cabimento residual e de ritualística sumária[263], a limitação temporal estabelecida não viola o direito fundamental de acesso à justiça; apenas faz preponderar o interesse de que seja ela manejada contemporaneamente ao ato impugnado, para que se assegure uma maior segurança jurídica no reconhecimento de ilegalidades e/ou abusividades[264].

---

[259] FEICHAS, Roger Vieira; SALVADOR, Sérgio Henrique. *Mandado de segurança*: da teoria à prática. 2. ed. São Paulo: LTr, 2017, p. 33; BUENO, Cássio Scarpinella. *A nova lei do mandado de segurança*. 2. ed. rev. atual. ampl. São Paulo: Saraiva, 2011, p. 184.

[260] "É constitucional lei que fixa o prazo de decadência para a impetração de mandado de segurança".

[261] BRASIL. Supremo Tribunal Federal. *Ação Direta de Inconstitucionalidade n.º 4.296*. Requerente Conselho Federal da Ordem dos Advogados do Brasil. Requerido Presidente da Câmara dos Deputados e outros. Relator Ministro Marco Aurélio. Disponível em: http://portal.stf.jus.br/processos/detalhe.asp?incidente=3755382. Acesso em: 10 set. 2021.

[262] ARAÚJO, José Henrique Mouta. *Mandado de segurança*. 7. ed. rev. ampl. atual. Salvador: JusPodivm, 2018, p. 49.

[263] FUX, Luiz. *Mandado de Segurança*. 2. ed. Rio de Janeiro: Forense, 2019, p. 114.

[264] LOPES, Mauro Luís Rocha. *Comentários à Nova Lei do Mandado de Segurança*. Rio de Janeiro: Impetus, 2009, p. 41.

### *3.2.2 Natureza jurídica do prazo de impetração*

No que pertine à natureza jurídica do prazo para impetração do mandado de segurança, é pacífico o entendimento doutrinário no sentido de se tratar de um ato-fato jurídico de natureza caducificante, assim considerado como aquele que, conjugando o "transcurso de determinado lapso de tempo (= fato) + inação do titular do direito (= ato)"[265], independentemente do motivo que o tenha levado a tanto, ocasiona a "[...] extinção de determinado direito e, por consequência, da pretensão, da ação e da exceção dele decorrentes [...]"[266].

O dissenso quanto ao tema, pois, diz respeito propriamente à espécie de ato extintivo da qual se reveste o limite temporal para ajuizamento do *mandamus*, haja vista a existência de entendimentos no sentido de que o prazo seria: a) peremptório, porquanto obstativo unicamente do exercício do direito de ação de segurança[267], não prejudicando, contudo a subsistência do direito material e sua exigibilidade por via diversa[268]; b) *sui generis*, tendo em vista que reúne características próprias de prazo prescricional, porquanto o direito material do titular segue existindo, e decadencial, devido à impossibilidade de sua suspensão ou interrupção[269]; e c) decadencial, ainda que com impropriedade advinda da inocorrência de extinção

---

[265] MELLO, Marcos Bernardes. *Teoria do fato jurídico*: plano da existência. 12. ed. São Paulo: Saraiva, 2013, p. 135.

[266] MELLO, Marcos Bernardes. *Teoria do fato jurídico*: plano da existência. 12. ed. São Paulo: Saraiva, 2013, p. 135.

[267] CAHALI, Yussef Said. *Aspectos processuais da prescrição e da decadência*. São Paulo: Revista dos Tribunais, 1979, p. 34.

[268] FEICHAS, Roger Vieira; SALVADOR, Sérgio Henrique. *Mandado de segurança*: da teoria à prática. 2. ed. São Paulo: LTr, 2017, p. 33.

[269] TEIXEIRA FILHO, Manoel Antônio. *Breves comentários à reforma do Poder Judiciário (com ênfase à justiça do trabalho)*: emenda constitucional 45/04. São Paulo: LTr, 2005, p. 186.

do direito material[270], haja vista ser esse o entendimento plasmado na já citada Súmula n.º 632, do Supremo Tribunal Federal, e, justamente por isso, mais largamente reproduzido em doutrina[271].

Partindo-se, portanto, da premissa de que o prazo previsto no artigo 23, da Lei n.º 12.016/2009 é não apenas constitucional, como também decadencial, daí deriva que, na hipótese do *writ* ser interposto após o seu transcurso, será o feito extinto com resolução de mérito, a teor do que dispõe o artigo 487, inciso II, do Código de Processo Civil[272], de aplicação subsidiária à processualística juslaboral[273], o que implica na impossibilidade de rediscussão quanto ao objeto litigioso do processo, por se encontrar ele sob o manto da coisa julgada material.

Por fim, impende endereçar um último ponto de discussão, relacionado à natureza jurídica do prazo sob comento: o fato de se tratar de um instituto jurídico atrelado ao direito material ou ao direito processual, haja vista que, a depender da resposta encontrada, sua contagem seguirá caminhos diametralmente opostos.

Sob uma primeira perspectiva, desponta entendimento no sentido de que, por estar o prazo de 120 (cento e vinte) dias previsto na Lei n.º 12.016/2009, que possui natureza jurídica processual, teria ele o mesmo jaez[274] e, por essa razão, deveria ser contado em dias úteis, com

---

[270] BEBBER, Julio Cesar. *Mandado de segurança individual e coletivo na Justiça do Trabalho*. 3. ed. rev. atual. São Paulo: Linotec Produção Editorial, 2020, p. 48-49.

[271] BUENO, Cássio Scarpinella. *A nova lei do mandado de segurança*. 2. ed. rev. atual. ampl. São Paulo: Saraiva, 2011, p. 184; FUX, Luiz. *Mandado de Segurança*. 2. ed. Rio de Janeiro: Forense, 2019, p. 112; OLIVEIRA, Francisco Antônio de. *Mandado de segurança e controle constitucional*. 4. ed. São Paulo: LTr, 2012, p. 148.

[272] "Art. 487. Haverá resolução de mérito quando o juiz: [...] II. decidir, de ofício ou a requerimento, sobre a ocorrência de decadência ou prescrição".

[273] CÂMARA, Alexandre Freitas. *Manual do Mandado de Segurança*. 2. ed. São Paulo: Atlas, p. 327.

[274] FUX, Luiz. *Mandado de Segurança*. 2. ed. Rio de Janeiro: Forense, 2019, p. 114; TEIXEIRA FILHO, Manuel Antônio. *Mandado de segurança na Justiça do Trabalho* – individual e coletivo. 4. ed. São Paulo: LTr, 2017, p. 190.

a exclusão do dia inicial e a inclusão do dia final, como estabelecem os artigos 219[275] e 224, *caput*[276], ambos do Código de Processo Civil, e, particularmente no que tange ao processo do trabalho, no artigo 775, *caput*[277], da Consolidação das Leis do Trabalho.

Sob outra, que parece mais adequada do ponto de vista estritamente técnico[278], prevalece a compreensão de que a fixação de prazo decadencial para impetração de mandado de segurança é tema atrelado ao direito material[279], motivo pelo qual sua contagem deve ser realizada em dias corridos e, consoante estabelece o artigo 132, *caput*, do Código Civil[280], observar a exclusão do dia de seu início e a inclusão do dia de seu término.

---

[275] "Art. 219. Na contagem de prazo em dias, estabelecido por lei ou pelo juiz, computar-se-ão somente os dias úteis. Parágrafo único. O disposto neste artigo aplica-se somente aos prazos processuais".

[276] "Art. 224. Salvo disposição em contrário, os prazos serão contados excluindo o dia do começo e incluindo o dia do vencimento".

[277] "Art. 775. Os prazos estabelecidos neste Título serão contados em dias úteis, com exclusão do dia do começo e inclusão do dia do vencimento".

[278] É que, como bem pontuaram Irany Ferrari e Thereza Christina Nahas, ao se debruçarem acerca da temática do reconhecimento de ofício da prescrição, embora a previsão de normas de direito material em legislação de cunho processual não prime pela melhor técnica, não é esse fator decisivo pra que se afira qual a natureza jurídica das normas nelas insculpidas. FERRARI, Irany; NAHAS, Thereza Christina. Prescrição trabalhista: decretação de ofício. *Suplemento Trabalhista*. São Paulo: LTr, v. 153, nov. 2000, p. 837-841, *passim*. Nessa esteira, já se teve a oportunidade de sustentar, no tocante especificamente à prescrição — em argumento que se estende à decadência —, que sua natureza jurídica, a rigor, há de ser considerada como híbrida, relacionando-se ao direito material em temas relativos à fixação de prazos e critérios para sua contagem, e ao direito processual no que pertine ao meio, à forma e ao momento adequado para seu reconhecimento, exemplificativamente. NAHAS, Thereza Christina; CAMPOS, Amália Rosa de. A decretação *ex officio* da prescrição no direito (processual) do trabalho revisitada. *In*: NEMER NETO, Alberto *et al* (coord.). *Direito Material e Processual do Trabalho Constitucionalizados*. São Paulo: Lex Editora, 2021, v. 3, p. 55-90, p. 77.

[279] BONOMO JÚNIOR, Aylton; ZANETI JÚNIOR, Hermes. *Mandado de segurança individual e coletivo*. Salvador: JusPodivm, 2019, p. 114. BEBBER, Julio Cesar. *Mandado de segurança individual e coletivo na Justiça do Trabalho*. 3. ed. rev. atual. São Paulo: Linotec Produção Editorial, 2020, p. 46-47.

[280] "Art. 132. Salvo disposição legal ou convencional em contrário, computam-se os prazos, excluído o dia do começo, e incluído o do vencimento".

### 3.2.3 Contagem do prazo para impetração do mandado de segurança

Partindo-se aqui da premissa de que a contagem de prazo do mandado de segurança há de se conformar às regras sobre a matéria constantes do artigo 132, *caput*, do Código Civil, bem assim considerando-se a previsão constante do já mencionado artigo 23, da Lei n.º 12.016/2019, é possível afirmar que o termo inicial para a contagem do prazo para impetração da ação de segurança repressiva, voltada a combater ato ilegal e/ou abusivo do tipo comissivo, é aquele imediatamente posterior à data em que o interessado tomar conhecimento da prática do ato impugnado — o que tanto pode ocorrer por meio de intimação pessoal[281] ou publicação em órgão oficial[282].

Tal prazo, segundo se infere a partir da redação da Súmula n;º 430, do Supremo Tribunal Federal, não será interrompido caso o interessado opte por apresentar pedido de reconsideração[283], a menos que a legislação admita "[...] essa modalidade de reexame do assunto [...]"[284] e a ela confira efeito suspensivo, hipótese na qual passará

---

[281] OLIVEIRA, Francisco Antônio de. *Mandado de segurança e controle constitucional*. 4. ed. São Paulo: LTr, 2012, p. 139.

[282] FUX, Luiz. *Mandado de Segurança*. 2. ed. Rio de Janeiro: Forense, 2019, p. 114. Aqui, impende salientar que: "contendo a publicação erros ou omissões, uma outra deverá ser feita, hipótese em que o prazo passará a correr da última, corretiva da anterior. Caso o tribunal venha a reputar absolutamente desnecessária a republicação, o prazo será contado da primeira publicação [...]". TEIXEIRA FILHO, Manuel Antônio. *Mandado de segurança na Justiça do Trabalho* – individual e coletivo. 4. ed. São Paulo: LTr, 2017, p. 193).

[283] "Pedido de reconsideração na via administrativa não interrompe o prazo para o mandado de segurança".

[284] BARBI, Celso Agrícola. *Do mandado de segurança*. 10. ed. rev. aum. Rio de Janeiro: Forense, 2001, p. 136.

a contagem a ser feita a partir da data de seu julgamento, tal qual ocorre com os recursos administrativos dotados do mesmo efeito[285].

Note-se, ademais, que, em se tratando de ato administrativo previsto em lei ou decreto, o prazo deve ser contado não a partir da data do início de sua vigência, mas da prática efetiva, pela autoridade coatora, de conduta neles até então abstratamente prevista[286], exceto se os atos normativos estiverem aptos a produzir "[...] *efeitos concretos*, caso em que se expõem à invalidação por mando de segurança desde o dia em que entraram em vigência"[287].

Estando-se, contudo, diante de uma conduta omissiva da autoridade coatora[288], a contagem do prazo para impetração de mandado de segurança repressivo dependerá da existência ou não de previsão legal que estabeleça um prazo para sua prática. Na primeira hipótese, o início do prazo decadencial coincidirá com o dia imediatamente posterior àquele do término *in albis* do prazo concedido para a prática do ato[289]. Na segunda, por não haver limite temporal que possa servir como balizador, o entendimento que

---

[285] MEIRELLES, Hely Lopes; WALD, Arnoldo; MENDES, Gilmar Ferreira. *Mandado de segurança e ações constitucionais*. 36. ed. atual. ampl. São Paulo: Malheiros, 2014, p. 66.

[286] BONOMO JÚNIOR, Aylton; ZANETI JÚNIOR, Hermes. *Mandado de segurança individual e coletivo*. Salvador: JusPodivm, 2019, p. 115-6.

[287] MEIRELLES, Hely Lopes; WALD, Arnoldo; MENDES, Gilmar Ferreira. *Mandado de segurança e ações constitucionais*. 36. ed. atual. ampl. São Paulo: Malheiros, 2014, p. 66.

[288] Aqui, cumpre fazer menção à advertência efetuada por Roger Vieira Feichas e Sérgio Henrique Salvador no sentido de que a omissão não deve ser confundida com a hipótese de recusa expressa, haja vista que nesta última a autoridade coatora comunica ao interessado que não irá praticar o ato que era por ele aguardado e efetivamente pratica uma conduta comissiva. Nesse caso, então, conta-se o prazo para impetração da segurança da data em que a recusa passa a ser conhecida. FEICHAS, Roger Vieira; SALVADOR, Sérgio Henrique. *Mandado de segurança*: da teoria à prática. 2. ed. São Paulo: LTr, 2017, p. 37-38.

[289] BEBBER, Julio Cesar. *Mandado de segurança individual e coletivo na Justiça do Trabalho*. 3. ed. rev. atual. São Paulo: Linotec Produção Editorial, 2020, p. 46.

prevalece é o de que o prazo decadencial nem sequer transcorre, podendo o *mandamus* ser manejado a qualquer tempo[290].

Digno de nota, outrossim, que, tanto no caso de condutas comissivas quanto no de omissivas que ocorram de forma sucessiva ou continuada (é dizer, que se renovem periodicamente efetivamente dando azo a um novo ato ilegal ou abusivo), o prazo para a impetração do *writ* será contato a partir data em que cada ato impugnável houver sido praticado ou em que cada omissão não houver sido suprida.[291]

No tocante especificamente ao mandado de segurança em sua conformação preventiva, prevalece o entendimento de que, por fundar-se ele no receio da prática de ato que possa violar direito líquido e certo do titular, não se subordina ele ao prazo decadencial impróprio previsto na Lei do Mandado de Segurança.[292]

Quanto ao termo final do prazo em testilha, cumpre salientar que se firmou entendimento doutrinário[293] e pretoriano[294] no sentido de que, vencendo o prazo para impetração do mandado de segurança em dia não útil, é admitida a sua prorrogação para o dia útil imediatamente posterior — o que novamente evidencia a impropriedade do prazo decadencial nesse contexto, já que em teoria não poderia ele admitir prorrogações. Do mesmo modo, não se operará a decadência caso a ação de segurança seja impetrada perante juízo incompetente,

---

[290] OLIVEIRA, Francisco Antônio de. *Mandado de segurança e controle constitucional*. 4. ed. São Paulo: LTr, 2012, p. 139.

[291] CÂMARA, Alexandre Freitas. *Manual do Mandado de Segurança*. 2. ed. São Paulo: Atlas, p. 331.

[292] LOPES, Mauro Luís Rocha. *Comentários à Nova Lei do Mandado de Segurança*. Rio de Janeiro: Impetus, 2009, p. 47.

[293] FUX, Luiz. *Mandado de Segurança*. 2. ed. Rio de Janeiro: Forense, 2019, p. 117.

[294] Mediante aplicação analógica, conta-se com as disposições do inciso IX, da Súmula n.º 100, do Tribunal Superior do Trabalho: "IX - Prorroga-se até o primeiro dia útil, imediatamente subseqüente, o prazo decadencial para ajuizamento de ação rescisória quando expira em férias forenses, feriados, finais de semana ou em dia em que não houver expediente forense. Aplicação do art. 775 da CLT".

hipótese na qual devem os autos apenas ser remetidos ao juízo que for competente para o seu processamento e julgamento.[295]

Compreendidos os principais aspectos teóricos relacionados ao momento adequado para a impetração da ação de segurança, passa-se, no título que segue, à abordagem da petição inicial do mandado de segurança, com especial atenção àqueles requisitos que, em razão das peculiaridades do remédio constitucional sob comento, lhe são *sui generis*.

## 3.3 Petição inicial

No tocante à petição inicial de mandado de segurança sujeito à competência da Justiça do Trabalho, cumpre desde logo salientar que, seja porque a própria Lei n.º 12.016/2009, em diversas passagens, elegeu o Código de Processo Civil como sua fonte normativa subsidiária, seja porque as disposições acerca da peça inaugural plasmadas na Consolidação das Leis do Trabalho[296] "[...] dizem respeito às petições trabalhistas típicas, não se amoldando, com perfeição, às petições relativas a ações reguladas pelo direito processual civil incidentes no processo do trabalho"[297], a temática relativa aos requisitos da peça pórtico, à possibilidade de sua emenda, indeferimento ou improcedência liminar deve se basear preponderantemente nas disposições constantes nos artigos 319 a 321, do Diploma Processual Cível[298].

---

[295] TEIXEIRA FILHO, Manuel Antônio. *Mandado de segurança na Justiça do Trabalho* – individual e coletivo. 4. ed. São Paulo: LTr, 2017, p. 193.

[296] "Art. 840 [...] § 1º. Sendo escrita, a reclamação deverá conter a designação do juízo, a qualificação das partes, a breve exposição dos fatos de que resulte o dissídio, o pedido, que deverá ser certo, determinado e com indicação de seu valor, a data e a assinatura do reclamante ou de seu representante".

[297] TEIXEIRA FILHO, Manuel Antônio. *Mandado de segurança na Justiça do Trabalho* – individual e coletivo. 4. ed. São Paulo: LTr, 2017, p. 208.

[298] CÂMARA, Alexandre Freitas. *Manual do Mandado de Segurança*. 2. ed. São Paulo: Atlas, p. 151.

Nesse passo, torna-se desnecessária a abordagem minudente do tema, optando-se por tecer considerações apenas acerca daqueles aspectos da exordial que, em razão das disposições constantes da própria Lei n.º 12.016/2009, apresentem alguma particularidade.

### 3.3.1 Peculiaridades quanto aos requisitos da petição inicial

Um primeiro aspecto da petição inicial em mandado e segurança que merece registro diz respeito à previsão, constante do *caput* do artigo 6°[299], de que seja ela apresentada em duas vias. A uma, porque desconsidera a possibilidade de formação de litisconsórcio, hipótese na qual, a toda obviedade, será necessário que o número de cópias corresponda ao número de sujeitos que componham o polo passivo da lide[300]. A duas, porque, em especial no que tange à Justiça Especializada do Trabalho, além de a distribuição de novas ações desde muito já ser realizada somente em meio digital, atualmente 99,1% do acervo de processos ativos tramita de forma eletrônica[301], assim dispensando a adoção de tal providência[302].

Em segundo lugar, tem-se que, independentemente da celeuma que se instaura no tocante à definição de quem deva ocupar o polo

---

[299] "Art. 6º. A petição inicial, que deverá preencher os requisitos estabelecidos pela lei processual, será apresentada em 2 (duas) vias com os documentos que instruírem a primeira reproduzidos na segunda e indicará, além da autoridade coatora, a pessoa jurídica que esta integra, à qual se acha vinculada ou da qual exerce atribuições".

[300] BARBI, Celso Agrícola. *Do mandado de segurança*. 10. ed. rev. aum. Rio de Janeiro: Forense, 2001, p. 139.

[301] A informação é obtida a partir da consulta do sítio eletrônico do Tribunal Superior do Trabalho, de acordo com o qual, considerados o primeiro e o segundo grau de jurisdição, na data de 31 de julho de 2021, o número de processos eletrônicos alcançou o patamar de 99,1%, faltando a digitalização de pouco mais de 43 (quarenta e três mil) processos para que se alcance o índice de 100%. TRIBUNAL SUPERIOR DO TRABALHO. *100% PJe*. Disponível em: https://www.tst.jus.br/web/corregedoria/100-pje. Acesso em: 23 ago. 2021.

[302] ATHENIENSE, Alexandre. *Comentários à Lei 11.419/06 e as práticas processuais por meio eletrônico nos Tribunais brasileiros*. Curitiba: Juruá, 2010, p. 109.

passivo da ação de segurança[303] (autoridade coatora, pessoa jurídica ou ambas, em litisconsórcio passivo necessário[304]), é necessário que a petição inicial do *mandamus* indique tanto quem seja a autoridade coatora — e aqui se registra que deve ela corresponder ao "[...] ocupante do cargo público no momento da propositura da demanda, pouco importando saber se foi ele próprio a praticar o ato (ou ordenar sua prática) ou seu antecessor"[305] —, como quem seja a pessoa jurídica que esta integra[306]. Quanto à primeira, deve ser formulado pedido de notificação, ao passo que, com relação à segunda, há de ser postulada a intimação de seu representante legal para ingressar no feito, caso queira.

Por terceiro, observa-se que, sob o fundamento de "incentivar e permitir a participação popular nos negócios públicos [...]"[307], dispõe o artigo 25, da Lei n.º 12.016/2009, na mesma esteira das Súmulas n.º 512[308], do Supremo Tribunal Federal, e n.º 105[309], do Superior Tribunal de Justiça, que não cabe pleito de honorários advocatícios sucumbenciais no âmbito das ações de segurança. Esse entendimento foi confirmado recentemente pela Ação Direta de Inconstitucionalidade n.º 4.296 é a razão pela qual não se há de incluir tal postulação na petição inaugural.

---

[303] Veja-se quanto ao tema as considerações tecidas no título "2.2.2 Legitimidade passiva", supra.

[304] BUENO, Cássio Scarpinella. *A nova lei do mandado de segurança*. 2. ed. rev. atual. ampl. São Paulo: Saraiva, 2011, p. 44.

[305] CÂMARA, Alexandre Freitas. *Manual do Mandado de Segurança*. 2. ed. São Paulo: Atlas, p. 71.

[306] BONOMO JÚNIOR, Aylton; ZANETI JÚNIOR, Hermes. *Mandado de segurança individual e coletivo*. Salvador: JusPodivm, 2019, p. 173.

[307] BEBBER, Julio Cesar. *Mandado de segurança individual e coletivo na Justiça do Trabalho*. 3. ed. rev. atual. São Paulo: Linotec Produção Editorial, 2020, p. 124.

[308] "Não cabe condenação em honorários de advogado na ação de mandado de segurança".

[309] "Na ação de mandado de segurança, não se admite condenação em honorários advocatícios".

Merece ser registrada, outrossim, a existência de entendimento no sentido de que seria aplicável ao mandado de segurança o disposto no artigo 840, parágrafo primeiro, da Consolidação das Leis do Trabalho, relativo à necessidade de apresentação de pedidos líquidos[310], que, justamente por isso, podem repercutir de modo direto no valor atribuído à causa.

Um último ponto que merece atenção diz respeito à necessidade de que a petição inicial do *writ* seja firmada por advogado, tendo em vista que a Súmula n.º 425, do Tribunal Superior do Trabalho[311], torna o instituto do *jus postulandi*, previsto no artigo 791, *caput*, da Consolidação das Leis do Trabalho[312], inaplicável ao sobredito remédio constitucional. Também é necessário que o instrumento de procuração outorgado ao procurador lhe confira poderes específicos para o manejo do *mandamus*, a teor do que dispõe a OJ 151, da SDI-II[313], do Tribunal Superior do Trabalho.

### 3.3.2 Emenda, indeferimento da inicial e improcedência liminar do pedido

Reza o artigo 10, da Lei n.º 12.016/2009[314], que a ação constitucional de segurança há de ser extinta, mediante a prolação de decisão

---

[310] TEIXEIRA FILHO, Manuel Antônio. *Mandado de segurança na Justiça do Trabalho* – individual e coletivo. 4. ed. São Paulo: LTr, 2017, p. 216.

[311] "O *jus postulandi* das partes, estabelecido no art. 791 da CLT, limita-se às Varas do Trabalho e aos Tribunais Regionais do Trabalho, não alcançando a ação rescisória, a ação cautelar, o mandado de segurança e os recursos de competência do Tribunal Superior do Trabalho".

[312] "Art. 791. Os empregados e os empregadores poderão reclamar pessoalmente perante a Justiça do Trabalho e acompanhar as suas reclamações até o final".

[313] "A procuração outorgada com poderes específicos para ajuizamento de reclamação trabalhista não autoriza a propositura de ação rescisória e mandado de segurança. Constatado, todavia, o defeito de representação processual na fase recursal, cumpre ao relator ou ao tribunal conceder prazo de 5 (cinco) dias para a regularização, nos termos da Súmula nº 383, item II, do TST".

[314] "Art. 10. A inicial será desde logo indeferida, por decisão motivada, quando não for o caso de mandado de segurança ou lhe faltar algum dos requisitos legais ou quando decorrido o prazo legal para a impetração".

motivada, sempre que faltar a ela algum dos requisitos previstos em Lei — essencialmente, aqueles que se extraem do artigo 319 do Código de Processo Civil, artigo 6º da Lei n.º 12.016/2009, bem como o artigo 840, parágrafo primeiro, da Consolidação das Leis do Trabalho, para parcela da doutrina — ou quando se verificar a caducidade da pretensão, à vista do transcurso do prazo estabelecido no artigo 23, também da Lei n.º 12.016/2009.

Essa disposição, contudo, segundo posição adotada por majoritária doutrina, além de não ser "[...] digna de um instrumento de jurisdição constitucional"[315], também não se coaduna com as normas insculpidas no Código de Processo Civil, que lhe é superveniente. Conforme referido em outras passagens deste estudo, o dispositivo processualista lastreia-se na primazia do julgamento de mérito, na dimensão substancial do contraditório e mesmo na cooperação do julgador para com as partes, notadamente sob a forma dos deveres anexos de consulta, esclarecimento e prevenção[316].

Por essa razão, às vozes que já sustentavam a necessidade de aplicação das disposições do artigo 284, do Código de Processo Civil de 1973[317], somam-se outras, que agora defendem a plena aplicabilidade do artigo 321, do Diploma Processual Cível em vigor[318], de modo a

---

[315] BEBBER, Julio Cesar. *Mandado de segurança individual e coletivo na Justiça do Trabalho*. 3. ed. rev. atual. São Paulo: Linotec Produção Editorial, 2020, p. 83.

[316] BONOMO JÚNIOR, Aylton; ZANETI JÚNIOR, Hermes. *Mandado de segurança individual e coletivo*. Salvador: JusPodivm, 2019, p. 174.

[317] BARBI, Celso Agrícola. *Do mandado de segurança*. 10. ed. rev. aum. Rio de Janeiro: Forense, 2001, p. 140 OLIVEIRA, Francisco Antônio de. *Mandado de segurança e controle constitucional*. 4. ed. São Paulo: LTr, 2012, p. 116 BUENO, Cássio Scarpinella. *A nova lei do mandado de segurança*. 2. ed. rev. atual. ampl. São Paulo: Saraiva, 2011, p. 92.

[318] THEODORO JÚNIOR, Humberto. *Lei do Mandado de Segurança comentada*: artigo por artigo. 2. ed. Rio de Janeiro: Forense, 2019. *E-book*, p. 217; FUX, Luiz. *Mandado de Segurança*. 2. ed. Rio de Janeiro: Forense, 2019, p. 105; FEICHAS, Roger Vieira; SALVADOR, Sérgio Henrique. *Mandado de segurança*: da teoria à prática. 2. ed. São Paulo: LTr, 2017, p. 50.

viabilizar que o julgador confira ao impetrante prazo de 15 (quinze) dias para "[...] emendá-la ou, ao menos, para se manifestar sobre o possível indeferimento"[319] e, somente então, proferir decisão. A rigor e nos casos em que isso seja possível, esta deveria oportunizar que a parte adapte seu petitório para a ação poder sofrer conversão quanto ao rito, sob pena, aí, sim, de sua extinção sem resolução de mérito[320].

Oportuno reiterar que, não obstante a doutrina mantenha o entendimento suso referido, também no que concerne à ausência de documento indispensável à propositura da demanda (é dizer, à prova pré-constituída que demonstra a liquidez e certeza do direito violado), esbarra ela no entendimento pretoriano positivado na Súmula n.º 415, do Tribunal Superior do Trabalho, que expressamente veda a possibilidade de emenda da inicial nessa hipótese. O mesmo pode ser dito no que concerne à indicação equivocada da autoridade coatora, haja vista a existência de entendimento do Superior Tribunal de Justiça no sentido de que a emenda é possível quando dela não decorrer alteração de competência[321].

Ao fim e ao cabo, ainda no que concerne à aplicação subsidiária do Código de Processo Civil à ritualística do *mandamus*, admite a

---

[319] CÂMARA, Alexandre Freitas. *Manual do Mandado de Segurança*. 2. ed. São Paulo: Atlas, p. 155.

[320] BONOMO JÚNIOR, Aylton; ZANETI JÚNIOR, Hermes. *Mandado de segurança individual e coletivo*. Salvador: JusPodivm, 2019, p. 175.

[321] FUX, Luiz. *Mandado de Segurança*. 2. ed. Rio de Janeiro: Forense, 2019, p. 105. Registra-se, por oportuno, que, na visão de Aylton Bonomo Júnior e Hermes Zaneti Júnior, não será necessária, nos mesmos moldes do que se dá quanto à emenda da petição inicial, a oitiva prévia do impetrante antes do proferimento do *decisum*, na medida em que o próprio parágrafo terceiro, do artigo 332, do Código de Processo Civil, viabiliza que o julgador, frente ao pedido formulado pela parte impetrante, retrate-se da decisão proferida. BONOMO JÚNIOR, Aylton; ZANETI JÚNIOR, Hermes. *Mandado de segurança individual e coletivo*. Salvador: JusPodivm, 2019, p. 178.

doutrina a possibilidade de improcedência liminar do pedido — que, como a própria designação permite antever, ocorre quando o julgador, ao examinar a peça exordial, antes ainda da citação da parte ré, profere sentença definitiva de mérito que julga a lide improcedente —, tendo em vista que o *writ* pressupõe justamente a desnecessidade de dilação probatória e a possibilidade de imediata aferição de eventual caducidade da ação, então requisitos exigidos pelo artigo 332[322], do supramencionado Diploma.[323]

Concluídas as análises propostas para o presente título, é possível avançar no exame da temática atinente à ação de segurança, priorizando-se o exame do instituto da desistência, o qual, como adiante restará evidenciado, recebe tratamento deveras distinto daquele que é conferido, como regra, às ações processuais civis que tramitam sob o rito comum.

## 3.4 Desistência do pedido

Na esteira do que foi aduzido alhures, o regramento da desistência[324], no âmbito do mandado de segurança, reveste-se de

---

[322] "Art. 332. Nas causas que dispensem a fase instrutória, o juiz, independentemente da citação do réu, julgará liminarmente improcedente o pedido que contrariar: I - enunciado de súmula do Supremo Tribunal Federal ou do Superior Tribunal de Justiça; II - acórdão proferido pelo Supremo Tribunal Federal ou pelo Superior Tribunal de Justiça em julgamento de recursos repetitivos; III - entendimento firmado em incidente de resolução de demandas repetitivas ou de assunção de competência; IV - enunciado de súmula de tribunal de justiça sobre direito local. § 1º O juiz também poderá julgar liminarmente improcedente o pedido se verificar, desde logo, a ocorrência de decadência ou de prescrição. § 2º Não interposta a apelação, o réu será intimado do trânsito em julgado da sentença, nos termos do art. 241. § 3º Interposta a apelação, o juiz poderá retratar-se em 5 (cinco) dias. § 4º Se houver retratação, o juiz determinará o prosseguimento do processo, com a citação do réu, e, se não houver retratação, determinará a citação do réu para apresentar contrarrazões, no prazo de 15 (quinze) dias".

[323] FUX, Luiz. *Mandado de Segurança*. 2. ed. Rio de Janeiro: Forense, 2019, p. 106.

[324] Como bem destaca Luiz Fux, "o instituto da *desistência* não se confunde com o da *renúncia* ao direito sobre o qual se funda a ação, prevista textualmente como causa de resolução do processo 'com análise de mérito'. Na renúncia, a abdicação significa despojamento do direito material, razão pela qual o juiz, em caso de dúvida sobre o alcance da manifestação da parte, deve instá-la

algumas particularidades que o afastam das disposições existentes quanto à matéria no Código de Processo Civil em vigor, notadamente daquelas previstas no artigo 485, parágrafo quarto[325].

Enquanto na legislação processual comum a desistência da ação "[...] ora se apresenta como ato unilateral, ora como ato bilateral, dependendo da fase processual em que o ato dispositivo é praticado"[326] (é dizer, da ocorrência ou não da angularização da lide, perfectibilizada pela apresentação de defesa pelo demandado, em sede de ação de segurança, em razão da compreensão de que "[...] pela sua peculiar natureza constitucional de ser instrumento posto à disposição do cidadão para se livrar de alguma ilegalidade ou abuso de poder, não sendo uma via de mão dupla"[327]), predomina o entendimento de que não há direito do Estado que necessite de tutela. Por essa razão, entende-se que pode ela ser levada a cabo em qualquer tempo e grau de jurisdição, desde que em momento antecedente ao trânsito em julgado da lide[328], independentemente da existência de eventual decisão de mérito nos autos favorável ou desfavorável à parte impetrante[329] e

---

a declarar o seu desígnio de forma clara e precisa, *i.e.*, se pretende (ou não) desistir ou renunciar". FUX, Luiz. *Mandado de Segurança*. 2. ed. Rio de Janeiro: Forense, 2019, p. 109. Grifos do autor.

325 "Art. 485 [...] § 4º. Oferecida a contestação, o autor não poderá, sem o consentimento do réu, desistir da ação".

326 THEODORO JÚNIOR, Humberto. *Lei do Mandado de Segurança comentada*: artigo por artigo. 2. ed. Rio de Janeiro: Forense, 2019. *E-book*, p. 234.

327 BONOMO JÚNIOR, Aylton; ZANETI JÚNIOR, Hermes. *Mandado de segurança individual e coletivo*. Salvador: JusPodivm, 2019, p. 196.

328 BEBBER, Julio Cesar. *Mandado de segurança individual e coletivo na Justiça do Trabalho*. 3. ed. rev. atual. São Paulo: Linotec Produção Editorial, 2020, p. 122.

329 OLIVEIRA, Francisco Antônio de. *Mandado de segurança e controle constitucional*. 4. ed. São Paulo: LTr, 2012, p. 166.

a despeito da aquiescência do polo passivo, do Ministério Público e mesmo de eventual litisconsorte ativo[330].

No ponto, merece registro o fato de que, enquanto há boa receptibilidade entre os operadores do Direito quanto à possibilidade de a desistência ocorrer até o momento da prolação de decisão de mérito[331] e mesmo após tal marco processual, na hipótese de ser proferida decisão que conceda a ordem de segurança[332], situação diversa se verifica no que diz respeito àqueles casos em que a pretensão de desistir do feito é manifestada em momento posterior à denegação da ordem.

Isso porque, nesse contexto, estar-se-ia avalizando comportamento processual que subverteria o instituto da desistência e violaria o princípio da boa-fé processual, uma vez que permitiria que o impetrante prejudicado por decisão desfavorável a seu interesse evitasse o reconhecimento de eventual repercussão geral em recurso extraordinário ou mesmo o trânsito em julgado do respectivo *decisum* e ajuizasse, *a posteriori*, nova ação pelas vias ordinárias, para a rediscussão da matéria.[333]

Feitas essas considerações acerca das hipóteses em que se admite a desistência em sede de *mandamus*, avança-se no estudo da matéria

---

[330] LEITE, Carlos Henrique Bezerra. *Curso de direito processual do trabalho*. 19. ed. São Paulo: Saraiva, 2021. *E-book*, p. 2.365.

[331] ARAÚJO, José Henrique Mouta. *Mandado de segurança*. 7. ed. rev. ampl. atual. Salvador: JusPodivm, 2018, p. 308; TEIXEIRA FILHO, Manuel Antônio. *Mandado de segurança na Justiça do Trabalho* – individual e coletivo. 4. ed. São Paulo: LTr, 2017, p. 108.

[332] BONOMO JÚNIOR, Aylton; ZANETI JÚNIOR, Hermes. *Mandado de segurança individual e coletivo*. Salvador: JusPodivm, 2019, p. 197.

[333] BONOMO JÚNIOR, Aylton; ZANETI JÚNIOR, Hermes. *Mandado de segurança individual e coletivo*. Salvador: JusPodivm, 2019, p. 197. FUX, Luiz. *Mandado de Segurança*. 2. ed. Rio de Janeiro: Forense, 2019, p. 109-113. ARAÚJO, José Henrique Mouta. *Mandado de segurança*. 7. ed. rev. ampl. atual. Salvador: JusPodivm, 2018, p. 308. TEIXEIRA FILHO, Manuel Antônio. *Mandado de segurança na Justiça do Trabalho*: individual e coletivo. 4. ed. São Paulo: LTr, 2017, p. 311-315.

para abordar a concessão de medida liminar e a possibilidade de sua suspensão, temas que, para além de serem peculiares, também representam questões de primeira grandeza no contexto da ação em comento.

## 3.5 Liminar e suspensão da segurança

O artigo 7°, inciso III, da Lei n.º 12.016/2009[334], evidencia que a possibilidade de concessão de providência liminar — quer para suspender ou evitar que se pratique conduta comissiva ilegal ou abusiva, quer para determinar a cessação de conduta omissiva que assuma as mesmas características[335] — é intrínseca à ritualística do mandado de segurança ao pressupor de pronto que, nas ações de caráter individual e com fundamento no dever geral de cautela[336], o julgador necessariamente analisará o tema por ocasião da apreciação da peça exordial.

A mesma lógica se mantém em se tratando de mandado de segurança coletivo, mormente se considerado que, em razão do julgamento da Ação Direta de Inconstitucionalidade n.º 4.296, de autoria da Ordem dos Advogados do Brasil, o Supremo Tribunal Federal reconheceu a inconstitucionalidade da exigência contida no artigo 22, parágrafo segundo, da Lei n.º 12.016/2009[337], segundo o

---

334 "Art. 7º. Ao despachar a inicial, o juiz ordenará: [...] III. que se suspenda o ato que deu motivo ao pedido, quando houver fundamento relevante e do ato impugnado puder resultar a ineficácia da medida, caso seja finalmente deferida, sendo facultado exigir do impetrante caução, fiança ou depósito, com o objetivo de assegurar o ressarcimento à pessoa jurídica".

335 BUENO, Cássio Scarpinella. *A nova lei do mandado de segurança*. 2. ed. rev. atual. ampl. São Paulo: Saraiva, 2011, p. 65-66.

336 FUX, Luiz. *Mandado de Segurança*. 2. ed. Rio de Janeiro: Forense, 2019, p. 128.

337 "Art. 22 [...] § 2º. No mandado de segurança coletivo, a liminar só poderá ser concedida após a audiência do representante judicial da pessoa jurídica de direito público, que deverá se pronunciar no prazo de 72 (setenta e duas) horas".

qual a concessão da liminar seria condicionada à prévia audiência do representante da pessoa jurídica de direito público, que contaria com o prazo de 72h (setenta e duas horas) para se manifestar.

Diante da relevância do tema, nas linhas que seguem, sua análise é empreendida mediante a abordagem daqueles que são considerados seus aspectos teóricos mais relevantes: sua natureza jurídica; os requisitos necessários à sua concessão; a possibilidade de concessão, revogação, cassação e caducidade da liminar; e o instituto da suspensão da segurança.

### *3.5.1 Natureza jurídica da medida liminar e requisitos para sua concessão*

No tocante à natureza jurídica da medida liminar postulada em sede de mandado de segurança, não obstante seja possível observar a existência de uma significativa parcela da doutrina que a ela reconhece caráter cautelar[338] e de outra que lhe atribua natureza antecipatória[339], tem despontado entre autorizados autores o entendimento de que, em realidade, "[...] tanto pode ela ter natureza cautelar (tutela provisória de urgência cautelar), como natureza satisfativa (tutela provisória de urgência antecipada), a depender do pedido formulado pelo impetrante, além de natureza de tutela de evidência"[340].

---

338 BARBI, Celso Agrícola. *Do mandado de segurança*. 10. ed. rev. aum. Rio de Janeiro: Forense, 2001, p. 143. OLIVEIRA, Francisco Antônio de. *Mandado de segurança e controle constitucional*. 4. ed. São Paulo: LTr, 2012, p. 258. TEIXEIRA FILHO, Manuel Antônio. *Mandado de segurança na Justiça do Trabalho* – individual e coletivo. 4. ed. São Paulo: LTr, 2017, p. 232.

339 FERRAZ, Sérgio. Da liminar em mandado de segurança. *In*: FERRAZ, Sérgio (org.). *Cinqüenta anos de mandado de segurança*. Porto Alegre: Sergio Antônio Fabris, 1986, p. 9. LEITE, Carlos Henrique Bezerra. *Curso de direito processual do trabalho*. 19. ed. São Paulo: Saraiva, 2021. *E-book*, p. 2.408; THEODORO JÚNIOR, Humberto. *Lei do Mandado de Segurança comentada*: artigo por artigo. 2. ed. Rio de Janeiro: Forense, 2019. *E-book*, p. 258.

340 BONOMO JÚNIOR, Aylton; ZANETI JÚNIOR, Hermes. *Mandado de segurança individual e coletivo*. Salvador: JusPodivm, 2019, p. 203. No mesmo sentido: MEIRELLES, Hely Lopes; WALD,

Sob esse prisma, então, sempre que o pleito deduzido por ocasião da protocolização da petição inicial tiver como objetivo "[...] assegurar a própria prestação da tutela jurisdicional"[341], não havendo, com isso, identidade entre o direito material resguardado pela liminar pleiteada e o provimento jurisdicional final pretendido, terá ela jaez cautelar[342]. Quando, contudo, o objeto da providência liminar postulada tiver o condão de efetivamente antecipar os efeitos da ordem de segurança que ao final o impetrante pretende obter, terá ela caráter de tutela antecipatória e será dotada de natureza satisfativa.[343]

Nessas hipóteses, sua concessão, que pode ou não vir acompanhada de determinação do julgador para que a parte impetrante apresente garantia[344], pressupõe que seja possível a imediata demonstração de dois requisitos:

> a) por primeiro, a existência de fundamento relevante, que não obstante se trate de conceito jurídico indeterminado, segundo a melhor doutrina

---

Arnoldo; MENDES, Gilmar Ferreira. *Mandado de segurança e ações constitucionais*. 36. ed. atual. ampl. São Paulo: Malheiros, 2014, p. 94-95. FEICHAS, Roger Vieira; SALVADOR, Sérgio Henrique. *Mandado de segurança*: da teoria à prática. 2. ed. São Paulo: LTr, 2017, p. 53.

[341] TEIXEIRA FILHO, Manuel Antônio. *Mandado de segurança na Justiça do Trabalho* – individual e coletivo. 4. ed. São Paulo: LTr, 2017, p. 232.

[342] CÂMARA, Alexandre Freitas. *Manual do Mandado de Segurança*. 2. ed. São Paulo: Atlas, p. 161.

[343] FUX, Luiz. *Mandado de Segurança*. 2. ed. Rio de Janeiro: Forense, 2019, p.128-129.

[344] A previsão da possibilidade de que o julgador exija da parte impetrante uma garantia — que tanto pode ser a própria caução, como também a fiança ou o depósito, todos mencionados no artigo 7°, inciso III, da Lei n.º 12.016/2009 — para que a liminar dimane os efeitos pretendidos foi considerada constitucional pelo Supremo Tribunal Federal, por ocasião do julgamento da já mencionada Ação Direta de Inconstitucionalidade n.º 4.296. Ainda assim, diante do que dispõe o artigo 93, inciso IX, da Constituição Federal, por certo, é necessário que o magistrado fundamente a decisão e indique as razões pelas quais a garantia há de ser exigida.

em muito se assemelha ao ***fumus boni iuris***[345], assim demandando que o impetrante demonstre o "[...] alto grau de probabilidade da veracidade da versão dos fatos alegados, aferível pela prova documental"[346] e a "[...] possibilidade de enquadramento jurídico da situação fática"[347]; b) por segundo, o risco de ineficácia da medida, que a toda obviedade encontra paralelo no ***periculum in mora,*** atrelando-se à demonstração de que a demora da concessão da ordem de segurança pode acabar prejudicando por completo o resultado útil do processo.[348]

Há, ainda, que se atentar para a possibilidade de a medida liminar em mandado de segurança se revestir da forma de tutela de evidência que, embora também tenha como propósito a antecipação da tutela jurisdicional definitiva[349], pressupõe se façam presentes requisitos diversos, previstos no artigo 311, do Código de Processo Civil[350], dentre os quais se destaca, em razão de sua maior aderência

---

[345] BUENO, Cássio Scarpinella. *A nova lei do mandado de segurança*. 2. ed. rev. atual. ampl. São Paulo: Saraiva, 2011, p. 64.

[346] BEBBER, Julio Cesar. *Mandado de segurança individual e coletivo na Justiça do Trabalho*. 3. ed. rev. atual. São Paulo: Linotec Produção Editorial, 2020, p. 86-87.

[347] BEBBER, Julio Cesar. *Mandado de segurança individual e coletivo na Justiça do Trabalho*. 3. ed. rev. atual. São Paulo: Linotec Produção Editorial, 2020, p. 87.

[348] FEICHAS, Roger Vieira; SALVADOR, Sérgio Henrique. *Mandado de segurança*: da teoria à prática. 2. ed. São Paulo: LTr, 2017, p. 53.

[349] BONOMO JÚNIOR, Aylton; ZANETI JÚNIOR, Hermes. *Mandado de segurança individual e coletivo*. Salvador: JusPodivm, 2019, p. 205.

[350] "Art. 311. A tutela da evidência será concedida, independentemente da demonstração de perigo de dano ou de risco ao resultado útil do processo, quando: I - ficar caracterizado o abuso do direito de defesa ou o manifesto propósito protelatório da parte; II - as alegações de fato puderem ser comprovadas apenas documentalmente e houver tese firmada em julgamento de casos repetitivos ou em súmula vinculante; III - se tratar de pedido reipersecutório fundado em prova documental adequada do contrato de depósito, caso em que será decretada a ordem de entrega do objeto custodiado, sob cominação de multa; IV - a petição inicial for instruída com prova documental suficiente dos fatos constitutivos do direito do autor, a que o réu não oponha prova capaz de gerar dúvida razoável. Parágrafo único. Nas hipóteses dos incisos II e III, o juiz poderá decidir liminarmente".

com o tema analisado, a hipótese das alegações comprovadas por prova documental e consentâneas com tese firmada em julgamento de caso repetitivo ou súmula vinculante.

Ainda quanto ao ponto, cumpre asseverar que casos há em que a própria legislação em vigor veda a concessão de liminar pelo magistrado. Este era o caso, por exemplo, do dispositivo constante do artigo 7°, parágrafo segundo, da Lei n.º 12.016/2009, que obstava a concessão de liminar voltada à "[...] compensação de créditos tributários, a entrega de mercadorias e bens provenientes do exterior, a reclassificação ou equiparação de servidores públicos e a concessão de aumento ou a extensão de vantagens ou pagamento de qualquer natureza". Referido artigo foi, contudo, declarado inconstitucional[351] pelo Supremo Tribunal Federal no bojo da Ação Direta de Inconstitucionalidade n.º 4.296.

Do mesmo modo, tem-se restrição estabelecida pelo artigo 29-B, da Lei n.º 8.036/1990, segundo o qual não é cabível medida liminar voltada ao "[...] saque ou movimentação da conta vinculada do trabalhador no FGTS", que, não obstante, acabou por ser relativizada por alguns Tribunais Juslaborais com o advento da pandemia instaurada pelo vírus Sars-Cov-2, diante do argumento da existência de direito líquido e certo ao saque dos valores disponíveis na conta

---

[351] Quanto ao tema, já asseverava Manoel Antônio Teixeira Filho que "[...] a regra do §2°, do art. 7°, é inconstitucional, por transgredir as garantias consubstanciadas nos incisos XXXV e LXIX do art. 5°, da Suprema Carta Política. Em nenhum momento, o constituinte brasileiro criou restrições à concessão da segurança; apenas delimitou o campo de atuação da ação mandamental, para separá-lo das áreas próprias do *habeas corpus* e do *habeas data*". TEIXEIRA FILHO, Manuel Antônio. *Mandado de segurança na Justiça do Trabalho* – individual e coletivo. 4. ed. São Paulo: LTr, 2017, p. 240.

vinculada do trabalhador em momento de calamidade pública para assegurar sua subsistência[352].

Tudo sem prejuízo do fato de que "[...] muito embora não haja regra expressa na Lei n.º 12.016/2009, o caráter provisório impede que a medida de urgência esgote totalmente o objeto da ação de mandado de segurança [...]"[353], assim gerando a irreversibilidade dos efeitos da concessão, em lógica que é ratificada pelo disposto no artigo 1.059, do Código de Processo Civil[354] e que, por isso, torna inviável a concessão de medida liminar nesse cenário.

Não obstante, impende aqui salientar que existe entendimento doutrinário no sentido de que estas últimas limitações trazidas à baila não são absolutas, de sorte que, diante de casos nos quais "[...] existir risco de perecimento do direito do autor, ainda que irreversível a medida, deve o juiz, mediante a técnica da declaração parcial de nulidade sem redução de texto, afastar a regra proibitiva e apreciar a tutela de urgência [...]"[355].

---

[352] Nesse sentido, exemplificativamente: BRASIL. Tribunal Regional do Trabalho da 4ª Região. 1ª Seção de Dissídios Individuais. *Mandado de Segurança n.º 205686920215040000*. Impetrante: Calçados Bottero Ltda. Autoridade Coatora: Juízo da 1ª Vara do Trabalho de Taquara. Relator: Desembargador João Paulo Lucena. Julgado em 09 de junho de 2021. Disponível em: https://trt-4.jusbrasil.com.br/jurisprudencia/1229592285/mandado-de-seguranca-civel-msciv-205686920215040000/inteiro-teor-1229592296. Acesso em: 12 out. 2021; BRASIL. Tribunal Regional do Trabalho da 4ª Região. 2ª Seção de Dissídios Individuais. *Mandado de Segurança n.º 10352985202050100000*. Impetrante: Leandro Fernandes Agapito. Autoridade Coatora: Juízo da 56ª Vara do Trabalho do Rio de Janeiro. Redatora: Desembargadora Maria Helena Motta. Julgado em 25 de março de 2021. Disponível em: https://trt-1.jusbrasil.com.br/jurisprudencia/1198359345/mandado-de-seguranca-civel-ms-10352985202050100000-rj/inteiro-teor-1198359416. Acesso em: 12 out. 2021.

[353] FUX, Luiz. *Mandado de Segurança*. 2. ed. Rio de Janeiro: Forense, 2019, p. 128.

[354] "Art. 1.059. À tutela provisória requerida contra a Fazenda Pública aplica-se o disposto nos arts. 1º a 4º da Lei nº 8.437, de 30 de junho de 1992 , e no art. 7º, § 2º, da Lei nº 12.016, de 7 de agosto de 2009".

[355] BONOMO JÚNIOR, Aylton; ZANETI JÚNIOR, Hermes. *Mandado de segurança individual e coletivo*. Salvador: JusPodivm, 2019, p. 214.

### 3.5.2 *Concessão de ofício, revogação, cassação e caducidade da liminar*

Muito se discute, em razão da opção do legislador ordinário de utilizar, no retromencionado artigo 7°, *caput*, da Lei n.º 12.016/2009, a expressão "o juiz ordenará", se a providência liminar em mandado de segurança pode ser concedida *ex officio* pelo magistrado, por ocasião do exame da peça inicial e, a bem dizer, em qualquer momento superveniente do trâmite processual, conquanto se façam presentes os requisitos exigidos pelo inciso III, do mesmo dispositivo.

Em que pese, quanto ao ponto, existam entendimento de que, centrados na aplicação do princípio do dispositivo e no argumento de que não pode o impetrante ser responsabilizado por eventual ressarcimento à pessoa jurídica em razão de provimento jurisdicional que não foi por ele postulado[356], tem se firmado em âmbito doutrinário o entendimento de que a providência pode — e deve — ser concedida pelo julgador de ofício, tendo em vista "[...] o art. 300, do Código [de Processo Civil] em vigor não mais exige o requerimento da parte, seja para a medida cautelar, seja para a tutela antecipada, que tem cunho satisfativo"[357], de sorte que, no âmbito do mandado de segurança, então, remédio constitucional, com muito mais razão se faz necessária a pronta tutela do direito líquido e certo violado ou em vias de sê-lo[358].

---

[356] Leciona Celso Agrícola Barbi que: "Conseqüência da afirmação de responsabilidade do autor é também a negativa de poder o juiz conceder *ex officio* a medida cautelar. Por isso, apesar do silêncio da lei atual, deve-se entender que o juiz só pode conceder a suspensão liminar se houver requerimento do impetrante". BARBI, Celso Agrícola. *Do mandado de segurança*. 10. ed. rev. aum. Rio de Janeiro: Forense, 2001, p. 152.

[357] FUX, Luiz. *Mandado de Segurança*. 2. ed. Rio de Janeiro: Forense, 2019, p. 128.

[358] BEBBER, Julio Cesar. *Mandado de segurança individual e coletivo na Justiça do Trabalho*. 3. ed. rev. atual. São Paulo: Linotec Produção Editorial, 2020, p. 89.

Uma vez concedida a liminar, consoante dispõe o artigo 7°, parágrafo terceiro, da Lei n.º 12.016/2009[359], a menos que seja ela posteriormente revogada ou cassada, seus efeitos subsistirão até o momento da prolação da sentença, que, então, "[...] substituirá a liminar, passando a produzir efeitos em seu lugar"[360], quer tenha sido ela mantida, quer não. Nesse quadro, a revogação dar-se-á quando o julgador — que tanto pode ser o magistrado de primeiro grau quanto o relator em segunda ou superior instância —, a requerimento da parte ou de ofício, verificando que não mais subsistem as razões que autorizaram a sua prévia concessão, faz cessar os seus efeitos, nada obstando que, no futuro, volte a apreciar a matéria. A cassação, a seu turno, será verificada quando "[...] a liminar tenha sido desfeita contra a vontade do magistrado que a concedeu"[361], o que, como adiante se verá "[...] tanto pode decorrer de mandado de segurança [...] como de agravo regimental, segundo se trate de ato de juiz de primeiro grau ou de relator"[362].

Por fim, necessário fazer menção à previsão, constante do artigo 8°, da Lei n.º 12.016/2009, de acordo com a qual, de ofício ou a requerimento do Ministério Público ou da parte interessada, será reconhecida a caducidade da providência liminar concedida naquela hipótese em que "[...] o impetrante criar obstáculo ao normal

---

[359] "Art. 7° [...] § 3º. Os efeitos da medida liminar, salvo se revogada ou cassada, persistirão até a prolação da sentença".

[360] CÂMARA, Alexandre Freitas. *Manual do Mandado de Segurança*. 2. ed. São Paulo: Atlas, p. 184.

[361] TEIXEIRA FILHO, Manuel Antônio. *Mandado de segurança na Justiça do Trabalho* – individual e coletivo. 4. ed. São Paulo: LTr, 2017, p. 243.

[362] TEIXEIRA FILHO, Manuel Antônio. *Mandado de segurança na Justiça do Trabalho* – individual e coletivo. 4. ed. São Paulo: LTr, 2017, p. 243.

andamento do processo ou deixar de promover, por mais de 3 (três) dias úteis, os atos e as diligências que lhe cumprirem".

A doutrina, ao se debruçar sobre tal questão, mostra-se deveras dividida no tocante à sua constitucionalidade. Tem-se, de um lado, aqueles que sustentam a inconstitucionalidade do dispositivo legal suprarreferido, argumentando, para tanto, que "não há correlação sistemática entre a *manutenção* dos efeitos de uma anterior medida liminar e o 'bom comportamento' processual do impetrante"[363], de sorte que promover a caducidade da liminar concedida com base nesse fundamento implicaria violar a própria disposição constitucional, que estabelece a possibilidade da concessão da ordem de segurança em face de conduta abusiva ou ilegal[364].

Manifestando entendimento oposto, conta-se, ademais, com autores que sustentam que se trata de uma norma voltada a estabelecer um comportamento ético por parte do impetrante, o qual, diante da concessão de medida liminar que agasalhe sua pretensão, pode se ver estimulado a procrastinar o curso do feito e, com isso, elastecer o período de duração de provimento jurisdicional que lhe foi favorável.[365] Partindo da premissa, então, de que o modelo cooperativo de processo adotado pelo Código de Processo Civil é perfeitamente compatível com o estabelecimento de deveres anexos típicos de lealdade e boa-fé[366],

---

[363] BUENO, Cássio Scarpinella. *A nova lei do mandado de segurança*. 2. ed. rev. atual. ampl. São Paulo: Saraiva, 2011, p. 85.

[364] BONOMO JÚNIOR, Aylton; ZANETI JÚNIOR, Hermes. *Mandado de segurança individual e coletivo*. Salvador: JusPodivm, 2019, p. 229.

[365] TEIXEIRA FILHO, Manuel Antônio. *Mandado de segurança na Justiça do Trabalho* – individual e coletivo. 4. ed. São Paulo: LTr, 2017, p. 244.

[366] CAMPOS, Amália Rosa de. *A conciliação judicial trabalhista*: possibilidade de otimização a partir da aplicação de técnicas e ferramentas inerentes aos mecanismos negocial e mediativo de solução de conflitos. Dissertação (Mestrado em Direito) – Escola de Direito, Pontifícia Universidade Católica do Rio Grande do Sul, Porto Alegre, 2021, p. 111-113.

asseveram que, contanto que a parte seja intimada pessoalmente para dar cumprimento à determinação judicial[367], não há qualquer óbice a que a sanção processual de caducidade lhe seja aplicada.[368]

### 3.5.3 Suspensão da liminar

A partir do artigo 15, *caput,* da Lei n.º 12.016/2009[369], infere-se ser possível que a pessoa jurídica de direito público, os entes despersonalizados, a pessoa jurídica de direito privado no exercício de função pública ou o Ministério Público[370] postulem, perante o Presidente do tribunal ao qual couber o julgamento do remédio processual cabível, em face da providência liminar concedida ou da decisão judicial proferida (sentença ou acórdão[371]), que seus efeitos sejam suspensos, sobrestados, paralisados[372].

---

[367] FEICHAS, Roger Vieira; SALVADOR, Sérgio Henrique. *Mandado de segurança*: da teoria à prática. 2. ed. São Paulo: LTr, 2017, p. 61.

[368] CÂMARA, Alexandre Freitas. *Manual do Mandado de Segurança*. 2. ed. São Paulo: Atlas, p. 185-186.

[369] "Art. 15. Quando, a requerimento de pessoa jurídica de direito público interessada ou do Ministério Público e para evitar grave lesão à ordem, à saúde, à segurança e à economia públicas, o presidente do tribunal ao qual couber o conhecimento do respectivo recurso suspender, em decisão fundamentada, a execução da liminar e da sentença, dessa decisão caberá agravo, sem efeito suspensivo, no prazo de 5 (cinco) dias, que será levado a julgamento na sessão seguinte à sua interposição".

[370] CÂMARA, Alexandre Freitas. *Manual do Mandado de Segurança*. 2. ed. São Paulo: Atlas, p. 307-310.

[371] THEODORO JÚNIOR, Humberto. *Lei do Mandado de Segurança comentada*: artigo por artigo. 2. ed. Rio de Janeiro: Forense, 2019. *E-book*, p. 330.

[372] NORTHFLLET, Ellen Gracie. Suspensão de sentença e de liminar. *Revista de Processo*, São Paulo, v. 97, jan./mar. 2000, p. 1.

Trata-se, segundo a doutrina de ato de natureza jurisdicional[373] e de questionável constitucionalidade[374], que pode ser manejado a qualquer tempo, contanto que não haja ainda transitado em julgado a decisão cujos efeitos pretende obstar[375], tendo como finalidade precípua assegurar a supremacia do interesse público sobre o particular[376] — que não se confunde com o interesse da pessoa jurídica prejudicada pelo *decisum*[377] —, manifestado sob a forma de possível lesão à ordem, à saúde, à segurança e à economia pública, não se

---

[373] À exceção do entendimento manifestado por Ellen Gracie Northfleet, para quem a suspensão da liminar possui natureza jurídica de ato administrativo (NORTHFLLET, Ellen Gracie. Suspensão de sentença e de liminar. *Revista de Processo*, São Paulo, v. 97, jan./mar. 2000, p. 1-11, p. 1), a doutrina, embora oscile entre aqueles que reconhecem ao instituto sob comento natureza jurídica de medida anômala, incidente processual ou medida cautelar, costuma sustentar que possui ele natureza judicial, argumentando, para tanto, que "[...] soa absurda a ideia de que uma decisão administrativa discricionária se sobreponha a uma decisão judicial". BEBBER, Julio Cesar. *Mandado de segurança individual e coletivo na Justiça do Trabalho*. 3. ed. rev. atual. São Paulo: Linotec Produção Editorial, 2020, p. 117-119.

[374] Diz-se que sua constitucionalidade é questionável porque, embora tenha o Supremo Tribunal Federal se manifestado no sentido de que a previsão legal sob comento é consentânea com o texto constitucional, a doutrina "[...] sustenta a inconstitucionalidade desse instituto processual [...] por violar o princípio da isonomia ('paridade de armas' - art. 5°, *caput*, CF), já que o impetrante não dispõe de um semelhante instrumento processual para interferir nos efeitos das decisões proferidas em mandado de segurança criado justamente para proteger o cidadão em face do Poder Público, e não o contrário, bem como por violar a competência taxativa do Supremo Tribunal Federal (art. 102, CLF) e do Superior Tribunal de Justiça (art. 105, CF) prevista na Carta Magna, que não prevê o julgamento do pedido de suspensão, além de transgredir o princípio da efetividade (que decorre do acesso à justiça – art. 5°, XXXV, CF) pois limita a eficácia de uma decisão proferida por meio de um remédio heroico (*writ*), criado exatamente para imprimir efetividade às ordem [sic] judiciais em face do Poder Público, violando, assim, também, o art. 5°, LXIX, da CF". BONOMO JÚNIOR, Aylton; ZANETI JÚNIOR, Hermes. *Mandado de segurança individual e coletivo*. Salvador: JusPodivm, 2019, p. 231-232. No mesmo sentido: BUENO, Cássio Scarpinella. *A nova lei do mandado de segurança*. 2. ed. rev. atual. ampl. São Paulo: Saraiva, 2011, p. 127-128.

[375] FUX, Luiz. *Mandado de Segurança*. 2. ed. Rio de Janeiro: Forense, 2019, p. 164.

[376] FEICHAS, Roger Vieira; SALVADOR, Sérgio Henrique. *Mandado de segurança*: da teoria à prática. 2. ed. São Paulo: LTr, 2017, p. 101.

[377] THEODORO JÚNIOR, Humberto. *Lei do Mandado de Segurança comentada*: artigo por artigo. 2. ed. Rio de Janeiro: Forense, 2019. *E-book*, p. 331.

prestando, justamente por isso, ao reexame do mérito da decisão cujo sobrestamento é pretendido.

A concessão da contracautela, nessa senda, pressupõe a presença dos seguintes requisitos: a) por primeiro, o *periculum in mora*, é dizer, a probabilidade de que a decisão que concedeu a liminar ou julgou procedente a ação de segurança venha a ocasionar danos irreparáveis à ordem, saúde, segurança ou economia pública[378]; e b) por segundo, o *fumus boni iuris*, que se materializa mediante a demonstração "[...] da plausibilidade jurídica do direito, razão pela qual é permitido um juízo de delibação sobre a questão de fundo da demanda"[379], ainda que esta não seja a questão central.

O presidente do Tribunal, é importante referir, em razão do que dispõe o princípio do contraditório, deve oportunizar à parte impetrante que se manifeste nos autos antes de analisar se concede ou não a suspensão pleiteada, de sorte que apenas em situações excepcionalíssimas, em que houver "[...] risco de perecimento imediato do direito"[380], tal proceder poderá ser dispensado.[381] Importante salientar, outrossim, que, em razão do que prevê o parágrafo quinto do já mencionado artigo 15, da Lei n.º 12.016/2009, o pronunciamento do julgador pode se referir tanto a uma medida liminar específica, como

---

[378] BEBBER, Julio Cesar. *Mandado de segurança individual e coletivo na Justiça do Trabalho*. 3. ed. rev. atual. São Paulo: Linotec Produção Editorial, 2020, p. 116.

[379] THEODORO JÚNIOR, Humberto. *Lei do Mandado de Segurança comentada*: artigo por artigo. 2. ed. Rio de Janeiro: Forense, 2019. *E-book*, p. 334.

[380] BONOMO JÚNIOR, Aylton; ZANETI JÚNIOR, Hermes. *Mandado de segurança individual e coletivo*. Salvador: JusPodivm, 2019, p. 231.

[381] CÂMARA, Alexandre Freitas. *Manual do Mandado de Segurança*. 2. ed. São Paulo: Atlas, p. 301-302.

a "[...] liminares cujo objeto seja idêntico [...]", as quais, justamente por isso, "[...] poderão ser suspensas em uma única decisão".

Particularmente no processo juslaboral, uma vez concedida a suspensão da liminar ou da decisão final, poderá o impetrante interpor agravo, que não será dotado de efeito suspensivo e cujos prazos e procedimentos serão disciplinados pelo regimento interno dos tribunais.[382]

A menos que seja reformada a decisão que concede a suspensão postulada, segundo se extrai da Súmula n.º 626, do Supremo Tribunal Federal[383], a regra passa a ser a ultratividade de seus efeitos até que se opere o "[...] trânsito em julgado da decisão definitiva de concessão da segurança ou, havendo recurso, até a sua manutenção pelo Supremo Tribunal Federal [...]", sendo necessário observar que deve haver identidade total ou parcial entre o objeto do provimento liminar e da decisão definitiva. Isso se dá porque a necessidade de os legitimados reiterarem, por ocasião de cada novo provimento jurisdicional, o pleito de suspensão dos efeitos da ordem de segurança parece não ser compatível com a "[...] sistemática do devido processo legal, modernamente comprometido com a efetividade da prestação jurisdicional e com a economia processual"[384].

Não obstante, caso a suspensão da liminar ou da sentença/acórdão não seja deferida, conta o legitimado unicamente com a possibilidade de apresentar novo pedido de segurança, dessa feita

---

[382] BEBBER, Julio Cesar. *Mandado de segurança individual e coletivo na Justiça do Trabalho*. 3. ed. rev. atual. São Paulo: Linotec Produção Editorial, 2020, p. 122.

[383] "A suspensão da liminar em mandado de segurança, salvo determinação em contrário da decisão que a deferir, vigorará até o trânsito em julgado da decisão definitiva de concessão da segurança ou, havendo recurso, até a sua manutenção pelo Supremo Tribunal Federal, desde que o objeto da liminar deferida coincida, total ou parcialmente, com o da impetração".

[384] THEODORO JÚNIOR, Humberto. *Lei do Mandado de Segurança comentada*: artigo por artigo. 2. ed. Rio de Janeiro: Forense, 2019. *E-book*, p. 337.

direcionado ao presidente do Tribunal Superior do Trabalho (se a decisão foi proferida pelo presidente do Tribunal Regional do Trabalho) ou ao presidente do Supremo Tribunal Federal — caso a decisão que negou a suspensão tenha sido da lavra do presidente do Tribunal Superior do Trabalho.[385]

Situação diversa, contudo, ocorre com outras decisões — em caráter liminar ou definitivo — proferidas no bojo dos mandados de segurança que tramitam perante o Poder Judiciário Juslaboral. São elas, não por coincidência, objeto do título que se inaugura nas próximas linhas.

## 3.6 Recursos

A Lei n.º 12.016/2009 é a norma jurídica responsável por prever, em caráter primário, não apenas quais as decisões proferidas no âmbito da ação de mandado de segurança que podem ser objeto de recurso, como também o remédio processual específico capaz de provocar a sua revisão.

Ocorre, contudo, que as relações processuais de trabalho, como pontuado à exaustão no curso do presente estudo, sobretudo em razão da regra de irrecorribilidade imediata das decisões interlocutórias e da existência de uma organização judiciária que lhes é particular, demandam que as normas regulamentares insculpidas na Lei do Mandado de Segurança sejam adaptadas, a partir do que estabelece a própria Consolidação das Leis do Trabalho e no entendimento sumulado dos Tribunais Superiores, para que se possa adequar o sistema recursal nela plasmado, notadamente no que pertine ao

---

[385] BEBBER, Julio Cesar. *Mandado de segurança individual e coletivo na Justiça do Trabalho*. 3. ed. rev. atual. São Paulo: Linotec Produção Editorial, 2020, p. 123.

cabimento, competência e remessa necessária, às relações processuais de trabalho — conforme adiante é evidenciado.

### *3.6.1 Cabimento e competência recursal*

Como visto linhas atrás, é característica da ação de segurança que a petição inicial venha acompanhada de pedido de concessão de tutela em caráter liminar. Caso a competência originária para o *mandamus* seja de um juízo de primeiro grau, a decisão interlocutória responsável por sua concessão ou denegação, diante da impossibilidade de aplicação ao processo do trabalho das disposições constantes do artigo 7°, parágrafo primeiro, da Lei n.º 12.016/2009[386], da regra da irrecorribilidade imediata das decisões interlocutórias prevista no já mencionado artigo 893, parágrafo primeiro, da Consolidação das Leis do Trabalho, e da inexistência de outro recurso típico que possa adequadamente provocar sua reforma, prepondera o entendimento de que contra ela é cabível novo mandado de segurança destinado ao Tribunal Regional do Trabalho, na forma de seu regimento interno, aplicando-se por analogia o inciso II, da Súmula n.º 414, do Tribunal Superior do Trabalho (desde que, a toda obviedade, estejam presentes os requisitos que autorizem que ele excepcionalmente figure como sucedâneo recursal[387]) e afastando-se a aplicabilidade da OJ 140, da SDI-II, do mesmo Tribunal.[388]

[386] Referido dispositivo legal preconiza que: "Da decisão do juiz de primeiro grau que conceder ou denegar a liminar caberá agravo de instrumento [...]". Ocorre, todavia, que, em que pese o recurso de agravo de instrumento efetivamente exista no direito processual do trabalho, nos termos do artigo 897, alínea "b", da Consolidação das Leis do Trabalho, atua ele como remédio processual voltado à reforma de decisões que tenham negado conhecimento — e não para o fim de reforma de decisão interlocutória, como autoriza o Diploma Processual Cível em vigor.

[387] Veja-se, nesse ponto, as exceções trazidas à hipótese de não cabimento de mandado de segurança em face de decisão judicial da qual caiba recurso.

[388] É que, como bem pontua Manoel Antônio Teixeira Filho, a OJ 140, da SDI-II, do Tribunal Superior do Trabalho, foi concebida por ocasião da vigência da Lei n.º 1.533/1951 e anteriormente à Emenda

Caso, não obstante, o juízo de primeiro grau de jurisdição profira sentença que resolva o feito com ou sem julgamento do mérito, o recurso cabível — diante da necessidade de adaptação do *caput* do artigo 14, da Lei n.º 12.016/2009[389], ao processo do trabalho, preconizada, inclusive, pelo *caput* do artigo 2°[390], da Instrução Normativa n.° 27/2005 — é o ordinário, dirigido ao Tribunal Regional do Trabalho[391] e passível de ser interposto pelo impetrante, pela pessoa jurídica de direito público ou pela autoridade coatora administrativa[392], além, obviamente, de eventuais litisconsortes.[393] Note-se, ademais, que o parágrafo terceiro, do mesmo artigo 14[394], estabelece que o recurso cabível, como regra[395], é dotado

---

Constitucional n.º 45/2004, responsável, como visto, por ampliar a competência material da Justiça do Trabalho e, com isso, viabilizar o ajuizamento de *mandamus* perante os juízos das varas do trabalho. Assim, a única decisão concessiva ou denegatória de liminar em mandado de segurança possível à época era aquela proferida de forma monocrática pelo relator para a qual, a depender do previsto no regimento interno de cada Tribunal, seria cabível agravo interno ou regimental que, por isso, tornariam desnecessária a impetração de nova ação de segurança — situação que não pode ser estendida ao primeiro grau de jurisdição e, precisamente por isso, torna inexorável a possibilidade de manejo em abstrato de nova ação de segurança. TEIXEIRA FILHO, Manuel Antônio. *Mandado de segurança na Justiça do Trabalho* - individual e coletivo. 4. ed. São Paulo: LTr, 2017, p. 286.

389 "Da sentença, denegando ou concedendo o mandado, cabe apelação."

390 "A sistemática recursal a ser observada é a prevista na Consolidação das Leis do Trabalho, inclusive no tocante à nomenclatura, à alçada, aos prazos e às competências".

391 OLIVEIRA, Francisco Antônio de. *Mandado de segurança e controle constitucional*. 4. ed. São Paulo: LTr, 2012, p. 338.

392 Isso porque "[...] o magistrado não possui legitimidade para recorrer da decisão por ele mesmo proferida, por dois motivos: se for concedida a segurança, já há a remessa necessária obrigatória; se denegada a segurança, o magistrado não pode ser considerado litisconsorte da pessoa jurídica de direito público, pois ele é sujeito imparcial do processo". LEITE, Carlos Henrique Bezerra. *Curso de direito processual do trabalho*. 19. ed. São Paulo: Saraiva, 2021. *E-book*, p. 2.412.

393 CÂMARA, Alexandre Freitas. *Manual do Mandado de Segurança*. 2. ed. São Paulo: Atlas, p. 41.

394 "§ 3º. A sentença que conceder o mandado de segurança pode ser executada provisoriamente, salvo nos casos em que for vedada a concessão da medida liminar".

395 Diz-se de regra, porque o próprio artigo 14°, parágrafo terceiro, da Lei n.º 12.016/2009, estabelece que a decisão que concede o mandado de segurança não poderá ser executada de imediato nos casos em que for vedada a outorga de medida liminar que, especificamente no tocante às relações sujeitas à competência da Justiça do Trabalho, açambarcam a reclassificação ou equiparação de servidores públicos, a teor do artigo 7°, parágrafo segundo, da mesma Lei.

unicamente de efeito devolutivo, razão pela qual a atribuição de efeito suspensivo deve ser levada a cabo na forma do inciso I, da Súmula n.º 414, do Tribunal Superior do Trabalho, ou, ainda, mediante requerimento endereçado ao relator ou o Tribunal, nos termos do artigo 1.012, parágrafo terceiro, do Código de Processo Civil[396], de aplicação supletiva.

No mais, da decisão proferida em grau recursal pelo Tribunal Regional do Trabalho, será cabível em abstrato recurso de revista[397], de competência do Tribunal Superior do Trabalho, em face do qual podem ou não caber embargos ao próprio Tribunal[398] e, na sequência, recurso extraordinário direcionado ao Supremo Tribunal Federal[399].[400]

---

[396] "Art. 1.012. [...] O pedido de concessão de efeito suspensivo nas hipóteses do § 1º poderá ser formulado por requerimento dirigido ao: I - tribunal, no período compreendido entre a interposição da apelação e sua distribuição, ficando o relator designado para seu exame prevento para julgá-la; II - relator, se já distribuída a apelação".

[397] "Art. 896. Cabe Recurso de Revista para Turma do Tribunal Superior do Trabalho das decisões proferidas em grau de recurso ordinário, em dissídio individual, pelos Tribunais Regionais do Trabalho, quando a) derem ao mesmo dispositivo de lei federal interpretação diversa da que lhe houver dado outro Tribunal Regional do Trabalho, no seu Pleno ou Turma, ou a Seção de Dissídios Individuais do Tribunal Superior do Trabalho, ou contrariarem súmula de jurisprudência uniforme dessa Corte ou súmula vinculante do Supremo Tribunal Federal; b) derem ao mesmo dispositivo de lei estadual, Convenção Coletiva de Trabalho, Acordo Coletivo, sentença normativa ou regulamento empresarial de observância obrigatória em área territorial que exceda a jurisdição do Tribunal Regional prolator da decisão recorrida, interpretação divergente, na forma da alínea a; c) proferidas com violação literal de disposição de lei federal ou afronta direta e literal à Constituição Federal".

[398] "Art. 894. No Tribunal Superior do Trabalho cabem embargos, no prazo de 8 (oito) dias: I - de decisão não unânime de julgamento que: a) conciliar, julgar ou homologar conciliação em dissídios coletivos que excedam a competência territorial dos Tribunais Regionais do Trabalho e estender ou rever as sentenças normativas do Tribunal Superior do Trabalho, nos casos previstos em lei; [...] II. das decisões das Turmas que divergirem entre si ou das decisões proferidas pela Seção de Dissídios Individuais, ou contrárias a súmula ou orientação jurisprudencial do Tribunal Superior do Trabalho ou súmula vinculante do Supremo Tribunal Federal".

[399] "Art. 102. Compete ao Supremo Tribunal Federal, precipuamente, a guarda da Constituição, cabendo-lhe: [...] III. julgar, mediante recurso extraordinário, as causas decididas em única ou última instância, quando a decisão recorrida: a) contrariar dispositivo desta Constituição; b) declarar a inconstitucionalidade de tratado ou lei federal; c) julgar válida lei ou ato de governo local contestado em face desta Constituição. d) julgar válida lei local contestada em face de lei federal".

[400] BEBBER, Julio Cesar. *Mandado de segurança individual e coletivo na Justiça do Trabalho*. 3. ed. rev. atual. São Paulo: Linotec Produção Editorial, 2020, p. 108.

Passando-se à competência originária dos Tribunais, importa referir que o mandado de segurança tanto poderá ser apreciado de forma monocrática por um relator como por órgão colegiado.

Na primeira hipótese, que se verifica sobretudo por ocasião de indeferimento da inicial ou apreciação de pedido liminar, a decisão proferida pelo relator desafiará agravo regimental ou interno (a depender da nomenclatura adotada pelo regimento interno do respectivo Tribunal), aplicando-se, neste particular, as disposições da OJ 140, da SDI-II, do Tribunal Superior do Trabalho, que veda o ajuizamento de ação de segurança para atacar decisão monocrática em órgão julgador de segundo grau. O agravo interposto, a seu turno, por ser julgado por órgão colegiado, em decorrência da interpretação da Súmula n.º 201, do Tribunal Superior do Trabalho[401], poderá ser questionado pela via do recurso ordinário, de competência do Tribunal Superior do Trabalho e, à continuação, por recurso extraordinário de competência do Supremo Tribunal Federal.

Já na segunda, atrelada à concessão ou denegação da ordem por meio do proferimento de acórdão por órgão colegiado de Tribunal Regional do Trabalho, tem-se que, também com fundamento na Súmula n.º 201, do Tribunal Superior do Trabalho, à qual se soma a OJ 152, da SDI-II, do mesmo Tribunal[402], será cabível a interposição de recurso ordinário[403] à superior instância, cujo julgamento eventualmente

[401] "Da decisão de Tribunal Regional do Trabalho em mandado de segurança cabe recurso ordinário, no prazo de 8 (oito) dias, para o Tribunal Superior do Trabalho, e igual dilação para o recorrido e interessados apresentarem razões de contrariedade".

[402] "A interposição de recurso de revista de decisão definitiva de Tribunal Regional do Trabalho em ação rescisória ou em mandado de segurança, com fundamento em violação legal e divergência jurisprudencial e remissão expressa ao art. 896 da CLT, configura erro grosseiro, insuscetível de autorizar o seu recebimento como recurso ordinário, em face do disposto no art. 895, b, da CLT".

[403] "Art. 895 [...] II. das decisões definitivas ou terminativas dos Tribunais Regionais, em processos de sua competência originária, no prazo de 8 (oito) dias, quer nos dissídios individuais, quer nos dissídios coletivos".

poderá ser questionado pela via do recurso extraordinário de competência do Supremo Tribunal Federal.

De forma análoga ao que se dá no âmbito dos Tribunais Regionais do Trabalho, também a competência originária do Tribunal Superior do Trabalho resulta na possibilidade de que o mandado de segurança seja objeto de decisões monocráticas ou colegiadas. Em qualquer caso, em virtude do que disciplina o artigo 18, da Lei n.º 12.016/2009[404], somente dois recursos serão cabíveis.

Em se tratando de decisão que tenha concedido a segurança, desde que obviamente observadas as hipóteses de cabimento que lhe são peculiares, caberá recurso extraordinário de competência do Supremo Tribunal Federal, ao passo que, em se tratando de decisão que extinga o feito com ou sem resolução do mérito, denegando a ordem, cabível será o assim designado recurso ordinário constitucional, disciplinado pelo artigo 102, inciso II, alínea "a", da Constituição Federal[405].[406] Merece destaque, no ponto, a disposição constante da Súmula n.º 272, do Supremo Tribunal Federal, de acordo com a qual "não se admite como ordinário recurso extraordinário de decisão denegatória de mandado de segurança".

---

404 "Art. 18. Das decisões em mandado de segurança proferidas em única instância pelos tribunais cabe recurso especial e extraordinário, nos casos legalmente previstos, e recurso ordinário, quando a ordem for denegada".

405 "Art. 102 [...] II. julgar, em recurso ordinário: a) o *habeas corpus* , o mandado de segurança, o *habeas data* e o mandado de injunção decididos em única instância pelos Tribunais Superiores, se denegatória a decisão".

406 TEIXEIRA FILHO, Manuel Antônio. *Mandado de segurança na Justiça do Trabalho* – individual e coletivo. 4. ed. São Paulo: LTr, 2017, p. 296.

### *3.6.2 Remessa necessária*

Consoante se extrai do artigo 14, parágrafo primeiro, da Lei n.º 12.016/2009[407], sempre que for concedida a segurança por meio de sentença (não se estendendo a hipótese, portanto, a decisões interlocutórias[408] ou a decisões proferidas em segundo grau de jurisdição[409]), sendo ela desfavorável à pessoa jurídica de direito público — e, segundo parcela da doutrina, não alcançando as pessoas jurídicas de direito privado às quais haja sido delegada atribuição inerente ao poder público[410] —, deverá a garantia ser submetida a duplo grau de jurisdição, sob pena de não se operar, quanto a ela, o trânsito em julgado[411].

Essa imperatividade, importa referir, mantém-se inalterada mesmo no caso de a pessoa jurídica de direito público sucumbente interpor voluntariamente recurso ordinário[412], haja vista que pode ele apenas buscar a reforma em parte da decisão desfavorável, bem como porque sua mera protocolização não é garantia de sua efetiva admissibilidade.[413]

---

[407] "Concedida a segurança, a sentença estará sujeita obrigatoriamente ao duplo grau de jurisdição".

[408] BEBBER, Julio Cesar. *Mandado de segurança individual e coletivo na Justiça do Trabalho*. 3. ed. rev. atual. São Paulo: Linotec Produção Editorial, 2020, p. 110.

[409] CÂMARA, Alexandre Freitas. *Manual do Mandado de Segurança*. 2. ed. São Paulo: Atlas, p. 262.

[410] BEBBER, Julio Cesar. *Mandado de segurança individual e coletivo na Justiça do Trabalho*. 3. ed. rev. atual. São Paulo: Linotec Produção Editorial, 2020, p. 111.

[411] Outra não é a conclusão a que se chega a partir do exame da Súmula n.º 423, do Supremo Tribunal Federal: "Não transita em julgado a sentença por haver omitido o recurso *ex officio*, que se considera interposto *ex lege*".

[412] Dispõe o Decreto-lei n.º 779/1969, no artigo 1°, inciso V, que cabe recurso ordinário *ex officio* das decisões que sejam total ou parcialmente contrárias aos interesses dos entes públicos, fundações de direito público e autarquias, permitindo antever que, ao seu processamento, são aplicáveis as normas que regem o recurso ordinário previsto no artigo 895, da Consolidação das Leis do Trabalho.

[413] TEIXEIRA FILHO, Manuel Antônio. *Mandado de segurança na Justiça do Trabalho* – individual e coletivo. 4. ed. São Paulo: LTr, 2017, p. 297.

Ainda quanto ao tema, convém mencionar a existência de entendimentos conflitantes no que tange à possibilidade de aplicação subsidiária do artigo 496, do Código de Processo Civil[414], à hipótese de remessa necessária.

De um lado, tem-se entendimento consolidado pelo Superior Tribunal de Justiça, no sentido de que, embora seja anterior ao Código de Processo Civil em vigor (e mesmo à Lei que alterou o artigo 475, do Código de Processo Civil de 1973, com similar redação), a Lei n.º 12.016/2009, em razão de seu caráter de norma especial, deveria prevalecer sobre a legislação geral.[415]

Não se admitem, por isso: a atribuição por padrão de efeito suspensivo ao recurso; a avocação dos autos pelo Presidente do Tribunal; e a impossibilidade de remessa necessária a depender do valor da condenação para cada entre público, do fato de a decisão estar em consonância com súmula de tribunal superior, acórdão do Supremo Tribunal Federal ou Superior Tribunal de Justiça em julgamento de recurso repetitivo, entendimento firmado em incidente

---

[414] "Art. 496. Está sujeita ao duplo grau de jurisdição, não produzindo efeito senão depois de confirmada pelo tribunal, a sentença: I - proferida contra a União, os Estados, o Distrito Federal, os Municípios e suas respectivas autarquias e fundações de direito público; II - que julgar procedentes, no todo ou em parte, os embargos à execução fiscal. § 1º Nos casos previstos neste artigo, não interposta a apelação no prazo legal, o juiz ordenará a remessa dos autos ao tribunal, e, se não o fizer, o presidente do respectivo tribunal avocá-los-á. § 2º Em qualquer dos casos referidos no § 1º, o tribunal julgará a remessa necessária. § 3º Não se aplica o disposto neste artigo quando a condenação ou o proveito econômico obtido na causa for de valor certo e líquido inferior a: I - 1.000 (mil) salários-mínimos para a União e as respectivas autarquias e fundações de direito público; II - 500 (quinhentos) salários-mínimos para os Estados, o Distrito Federal, as respectivas autarquias e fundações de direito público e os Municípios que constituam capitais dos Estados; III - 100 (cem) salários-mínimos para todos os demais Municípios e respectivas autarquias e fundações de direito público. § 4º Também não se aplica o disposto neste artigo quando a sentença estiver fundada em: I - súmula de tribunal superior; II - acórdão proferido pelo Supremo Tribunal Federal ou pelo Superior Tribunal de Justiça em julgamento de recursos repetitivos; III - entendimento firmado em incidente de resolução de demandas repetitivas ou de assunção de competência; IV - entendimento coincidente com orientação vinculante firmada no âmbito administrativo do próprio ente público, consolidada em manifestação, parecer ou súmula administrativa".

[415] CÂMARA, Alexandre Freitas. *Manual do Mandado de Segurança*. 2. ed. São Paulo: Atlas, p. 265-266.

de resolução de demandas repetitivas ou de assunção de competência ou coincidente com orientação vinculante administrativa.

De outro lado, desponta entendimento de que, à exceção da impossibilidade, como regra, de atribuição de efeito suspensivo ao recurso ordinário em mandado de segurança (haja vista que, em relação a esse ponto, há previsão legal específica), é plenamente possível a avocação dos autos[416] e restrição às hipóteses de cabimento da remessa necessária, quando presentes as circunstâncias previstas nos parágrafos do retrocitado artigo 496, do Código de Processo Civil[417].

## 3.7 Coisa julgada

A título de encerramento da presente obra, cumpre sejam tecidas algumas breves considerações acerca dos impactos da coisa julgada relativamente às decisões proferidas em sede de mandado de segurança.

Trata-se, como é cediço, de um instituto cuja existência se justifica por questão de política, fundada na necessidade de que as decisões judiciais se revistam da necessária segurança jurídica[418]. Nessa toada, tem-se que a legislação — artigos 502[419] e 503[420], *caput*, do Código de Processo Civil — e, por conseguinte, a própria doutrina, subdividem a coisa julgada em material e formal[421]: a primeira, relacionada à

[416] TEIXEIRA FILHO, Manuel Antônio. *Mandado de segurança na Justiça do Trabalho* – individual e coletivo. 4. ed. São Paulo: LTr, 2017, p. 297.

[417] FUX, Luiz. *Mandado de Segurança*. 2. ed. Rio de Janeiro: Forense, 2019, p. 186-188.

[418] FUX, Luiz. *Mandado de Segurança*. 2. ed. Rio de Janeiro: Forense, 2019, p. 165.

[419] "Art. 502. Denomina-se coisa julgada material a autoridade que torna imutável e indiscutível a decisão de mérito não mais sujeita a recurso".

[420] "Art. 503. A decisão que julgar total ou parcialmente o mérito tem força de lei nos limites da questão principal expressamente decidida".

[421] Verifique-se, no ponto, a explanação que consta da nota de rodapé n.º 220, supra.

impossibilidade de (re)discussão da matéria por qualquer órgão jurisdicional, após o trânsito em julgado de uma decisão que tenha enfrentado o mérito da lide (âmbito extraprocessual); a segunda, concernente à inviabilidade de alteração de decisão já proferida nos autos em razão da impossibilidade de interposição de recursos que permitam novo pronunciamento judicial sobre a matéria (âmbito endoprocessual).[422]

Pois bem, em se tratando particularmente das decisões passíveis de serem adotadas para a solução do *writ*, tem-se que naquelas hipóteses em que elas não enfrentarem o mérito da lide — caso da ilegitimidade da parte e do indeferimento da petição inicial da ação de segurança —, somente se concretizará a coisa julgada em seu viés formal[423], o que torna possível, a teor do artigo 19[424], da Lei n.º 12.016/2019, e da Súmula n.º 304[425], do Supremo Tribunal Federal, que: contanto que o vício seja sanado e o prazo decadencial do *mandamus* ainda não se tenha esgotado, possa um novo mandado de segurança ser ajuizado; ou que, sanado o vício, mas não mais subsistindo o prazo legal para o manejo da ação de segurança, seja manejada ação ordinária específica para discutir as questões controvertidas[426].

---

422 TEIXEIRA FILHO, Manuel Antônio. *Mandado de segurança na Justiça do Trabalho* – individual e coletivo. 4. ed. São Paulo: LTr, 2017, p. 276-7.

423 "Art. 19. A sentença ou o acórdão que denegar mandado de segurança, sem decidir o mérito, não impedirá que o requerente, por ação própria, pleiteie os seus direitos e os respectivos efeitos patrimoniais".

424 FEICHAS, Roger Vieira; SALVADOR, Sérgio Henrique. *Mandado de segurança*: da teoria à prática. 2. ed. São Paulo: LTr, 2017, p. 74.

425 "Súmula 304. Decisão denegatória de mandado de segurança, não fazendo coisa julgada contra o impetrante, não impede o uso da ação própria".

426 BEBBER, Julio Cesar. *Mandado de segurança individual e coletivo na Justiça do Trabalho*. 3. ed. rev. atual. São Paulo: Linotec Produção Editorial, 2020, p. 111.

A mesma lógica, é importante ressaltar, deve ser estendida particularmente àqueles casos em que a segurança for denegada diante do não reconhecimento da existência de direito líquido e certo. Isso porque o já professado entendimento de que o direito líquido e certo se traduz em condição especial da ação, vinculada à necessidade de adequação ínsita ao interesse processual[427], quando somado ao fato de que o rito do *mandamus* possui natureza especial e sumária[428], não pode inviabilizar que a parte demonstre, em lide diversa, o direito material que entende haver sido violado[429].

De outra banda, quando o Poder Judiciário houver enfrentado o mérito da ação de mandado de segurança, tendo à vista disso denegado a ordem por entender que não o impetrante não é titular de um direito subjetivo — é dizer, de uma posição jurídica que lhe assegure uma vantagem em desfavor de outrem —, que não houve lesão ou ameaça de lesão a tal direito, que não há conduta de autoridade que possa ser taxada de ilegal[430] ou mesmo que se operou decadência, restará perfectibilizada a coisa julgada formal e material, assim inviabilizando, uma vez transitado em julgado o *decisum*, que seja ele questionado perante qualquer juízo[431]. É precisamente por essa razão que adverte Júlio César Bebber ser inexorável

> [...] examinar concretamente os fundamentos da decisão para saber se o que se denominou de direito líquido e certo corresponde efetivamente

---

[427] Vide, nesse sentido, o título "2.1 O direito líquido e certo como condição especial da ação", supra.

[428] A premissa em questão foi assentada no título "1.2 Natureza jurídica", supra.

[429] FUX, Luiz. *Mandado de Segurança*. 2. ed. Rio de Janeiro: Forense, 2019, p. 167.

[430] CÂMARA, Alexandre Freitas. *Manual do Mandado de Segurança*. 2. ed. São Paulo: Atlas, p. 223.

[431] BUENO, Cássio Scarpinella. *A nova lei do mandado de segurança*. 2. ed. rev. atual. ampl. São Paulo: Saraiva, 2011, p. 152.

> ao seu conceito, ou se a falta de técnica levou o julgador a utilizá-la para indicar a inexistência de um direito subjetivo invocado pelo impetrante[432].

Por fim, registra-se apenas a existência de entendimento doutrinário segundo o qual, ainda que amparada em prova documental, a questão prejudicial eventualmente ventilada na ação constitucional sob comento não estará apta a formar coisa julgada à vista da restrição estabelecida pelo parágrafo 2º[433], do artigo 503, do Diploma Processual Cível, justamente porque o rito a ela inerente impõe restrições em matéria probatória.[434]

---

[432] BEBBER, Julio Cesar. *Mandado de segurança individual e coletivo na Justiça do Trabalho*. 3. ed. rev. atual. São Paulo: Linotec Produção Editorial, 2020, p. 112.

[433] "Art. 503. [...]§ 2º A hipótese do § 1º não se aplica se no processo houver restrições probatórias ou limitações à cognição que impeçam o aprofundamento da análise da questão prejudicial".

[434] FEICHAS, Roger Vieira; SALVADOR, Sérgio Henrique. *Mandado de segurança*: da teoria à prática. 2. ed. São Paulo: LTr, 2017, p. 75.

# SÚMULAS E ORIENTAÇÕES JURISPRUDENCIAIS APLICÁVEIS

| SÚMULA VINCULANTE DO SUPREMO TRIBUNAL FEDERAL | |
|---|---|
| NÚMERO | TEXTO |
| 21 | É inconstitucional a exigência de depósito ou arrolamento prévios de dinheiro ou bens para admissibilidade de recurso administrativo. |

| SÚMULAS DO SUPREMO TRIBUNAL FEDERAL | |
|---|---|
| NÚMERO | TEXTO |
| 101 | O mandado de segurança não substitui a ação popular. |
| 211 | Não cabe mandado de segurança contra decisão judicial com trânsito em julgado. |
| 266 | Não cabe mandado de segurança contra lei em tese. |
| 267 | Não cabe mandado de segurança contra ato judicial passível de recurso ou correição. |
| 268 | Não cabe mandado de segurança contra decisão judicial com trânsito em julgado. |

| SÚMULAS DO SUPREMO TRIBUNAL FEDERAL | |
|---|---|
| NÚMERO | TEXTO |
| 272 | Não se admite como ordinário recurso extraordinário de decisão denegatória de mandado de segurança. |
| 304 | Decisão denegatória de mandado de segurança, não fazendo coisa julgada contra o impetrante, não impede o uso da ação própria. |
| 319 | O prazo do recurso ordinário para o Supremo Tribunal Federal, em "habeas corpus" ou mandado de segurança, é de cinco dias. |
| 423 | Não transita em julgado a sentença por haver omitido o recurso ex officio, que se considera interposto ex lege. |
| 429 | A existência de recurso administrativo com efeito suspensivo não impede o uso do mandado de segurança contra omissão da autoridade. |
| 430 | Pedido de reconsideração na via administrativa não interrompe o prazo para o mandado de segurança. |
| 433 | É competente o Tribunal Regional do Trabalho para julgar mandado de segurança contra ato de seu presidente em execução de sentença trabalhista. |
| 510 | Praticado o ato por autoridade, no exercício de competência delegada, contra ela cabe o mandado de segurança ou a medida judicial. |
| 512 | Não cabe condenação em honorários de advogado na ação de mandado de segurança. |
| 625 | Controvérsia sobre matéria de direito não impede concessão de mandado de segurança. |
| 626 | A suspensão da liminar em mandado de segurança, salvo determinação em contrário da decisão que a deferir, vigorará até o trânsito em julgado da decisão definitiva de concessão da segurança ou, havendo recurso, até a sua manutenção pelo Supremo Tribunal Federal, desde que o objeto da liminar deferida coincida, total ou parcialmente, com o da impetração. |
| 629 | A impetração de mandado de segurança coletivo por entidade de classe em favor dos associados independe da autorização destes. |

| SÚMULAS DO SUPREMO TRIBUNAL FEDERAL | |
|---|---|
| NÚMERO | TEXTO |
| 630 | A entidade de classe tem legitimação para o mandado de segurança, ainda quando a pretensão veiculada interesse apenas a uma parte da respectiva categoria. |
| 631 | Extingue-se o processo de mandado de segurança se o impetrante não promove, no prazo assinado, a citação do litisconsorte passivo necessário. |
| 632 | É constitucional lei que fixa o prazo de decadência para a impetração de mandado de segurança. |

| SÚMULAS DO SUPERIOR TRIBUNAL DE JUSTIÇA | |
|---|---|
| NÚMERO | TEXTO |
| 105 | Na ação de mandado de segurança, não se admite condenação em honorários advocatícios. |
| 202 | A impetração de Mandado de Segurança por terceiro contra ato judicial não se condiciona à interposição de recurso |
| 628 | A teoria da encampação é aplicada no mandado de segurança quando presentes, cumulativamente, os seguintes requisitos: a) existência de vínculo hierárquico entre a autoridade que prestou informações e a que ordenou a prática do ato impugnado; b) manifestação a respeito do mérito nas informações prestadas; e c) ausência de modificação de competência estabelecida na Constituição Federal |

| **SÚMULAS DO TRIBUNAL SUPERIOR DO TRABALHO** | |
|---|---|
| **NÚMERO** | **TEXTO** |
| **33** | MANDADO DE SEGURANÇA. DECISÃO JUDICIAL TRANSITADA EM JULGADO. Não cabe mandado de segurança de decisão judicial transitada em julgado. |
| **201** | RECURSO ORDINÁRIO EM MANDADO DE SEGURANÇA. Da decisão de Tribunal Regional do Trabalho em mandado de segurança cabe recurso ordinário, no prazo de 8 (oito) dias, para o Tribunal Superior do Trabalho, e igual dilação para o recorrido e interessados apresentarem razões de contrariedade. |

| SÚMULAS DO TRIBUNAL SUPERIOR DO TRABALHO | |
|---|---|
| **NÚMERO** | **TEXTO** |
| **414** | MANDADO DE SEGURANÇA. TUTELA PROVISÓRIA CONCEDIDA ANTES OU NA SENTENÇA, I – A tutela provisória concedida na sentença não comporta impugnação pela via do mandado de segurança, por ser impugnável mediante recurso ordinário. É admissível a obtenção de efeito suspensivo ao recurso ordinário mediante requerimento dirigido ao tribunal, ao relator ou ao presidente ou ao vice-presidente do tribunal recorrido, por aplicação subsidiária ao processo do trabalho do artigo 1.029, § 5º, do CPC de 2015. II – No caso de a tutela provisória haver sido concedida ou indeferida antes da sentença, cabe mandado de segurança, em face da inexistência de recurso próprio. III – A superveniência da sentença, nos autos originários, faz perder o objeto do mandado de segurança que impugnava a concessão ou o indeferimento da tutela provisória. |
| **415** | MANDADO DE SEGURANÇA. PETIÇÃO INICIAL. ART. 321 DO CPC DE 2015. ART. 284 DO CPC DE 1973. INAPLICABILIDADE. Exigindo o mandado de segurança prova documental pré-constituída, inaplicável o art. 321 do CPC de 2015 (art. 284 do CPC de 1973) quando verificada, na petição inicial do "mandamus", a ausência de documento indispensável ou de sua autenticação. |
| **416** | MANDADO DE SEGURANÇA. EXECUÇÃO. Devendo o agravo de petição delimitar justificadamente a matéria e os valores objeto de discordância, não fere direito líquido e certo o prosseguimento da execução quanto aos tópicos e valores não especificados no agravo. |
| **417** | MANDADO DE SEGURANÇA. PENHORA EM DINHEIRO. I – Não fere direito líquido e certo do impetrante o ato judicial que determina penhora em dinheiro do executado para garantir crédito exequendo, pois é prioritária e obedece à gradação prevista no art. 835 do CPC de 2015 (art. 655 do CPC de 1973). II – Havendo discordância do credor, em execução definitiva, não tem o executado direito líquido e certo a que os valores penhorados em dinheiro fiquem depositados no próprio banco, ainda que atenda aos requisitos do art. 840, I, do CPC de 2015. |

| SÚMULAS DO TRIBUNAL SUPERIOR DO TRABALHO | |
|---|---|
| NÚMERO | TEXTO |
| 418 | MANDADO DE SEGURANÇA VISANDO À HOMOLOGAÇÃO DE ACORDO. A homologação de acordo constitui faculdade do juiz, inexistindo direito líquido e certo tutelável pela via do mandado de segurança. |
| 425 | JUS POSTULANDI NA JUSTIÇA DO TRABALHO. ALCANCE. O jus postulandi das partes, estabelecido no art. 791 da CLT, limita-se às Varas do Trabalho e aos Tribunais Regionais do Trabalho, não alcançando a ação rescisória, a ação cautelar, o mandado de segurança e os recursos de competência do Tribunal Superior do Trabalho. |

| ORIENTAÇÕES JURISPRUDENCIAIS SBDI-I DO TST | |
|---|---|
| NÚMERO | TEXTO |
| 153 | Ofende direito líquido e certo decisão que determina o bloqueio de numerário existente em conta-salário, para satisfação de crédito trabalhista, ainda que seja limitado a determinado percentual dos valores recebidos ou a valor revertido para fundo de aplicação ou poupança, visto que o art. 649, IV, do CPC de 1973, contém norma imperativa que não admite interpretação ampliativa, sendo a exceção prevista no art. 649, § 2º, do CPC de 1973, espécie e não gênero de crédito de natureza alimentícia, não englobando o crédito trabalhista. |

| ORIENTAÇÕES JURISPRUDENCIAIS SBDI-II DO TST | |
|---|---|
| NÚMERO | TEXTO |
| 92 | MANDADO DE SEGURANÇA. EXISTÊNCIA DE RECURSO PRÓPRIO. Não cabe mandado de segurança contra decisão judicial passível de reforma mediante recurso próprio, ainda que com efeito diferido. |
| 98 | MANDADO DE SEGURANÇA. DECISÃO JUDICIAL TRANSITADA EM JULGADO. Não cabe mandado de segurança de decisão judicial transitada em julgado. |
| 99 | MANDADO DE SEGURANÇA. COISA JULGADA. ESGOTAMENTO DE TODAS AS VIAS PROCESSUAIS DISPONÍVEIS. TRÂNSITO EM JULGADO FORMAL. DESCABIMENTO DO WRIT. Esgotadas as vias recursais existentes, não cabe mandado de segurança. |

| ORIENTAÇÕES JURISPRUDENCIAIS SBDI-II DO TST | |
|---|---|
| **NÚMERO** | **TEXTO** |
| **140** | MANDADO DE SEGURANÇA. LIMINAR, CONCEDIDA OU DENEGADA EM OUTRA SEGURANÇA. DESCABIMENTO DE NOVO WRIT. Não cabe mandado de segurança para impugnar despacho que acolheu ou indeferiu liminar em outro mandado de segurança. |
| **142** | MANDADO DE SEGURANÇA. TUTELA ANTECIPATÓRIA. LIMINAR. AIDS. VÍRUS HIV. REINTEGRAÇÃO NO EMPREGO LIMINARMENTE CONCEDIDA. POSSIBILIDADE. INEXISTÊNCIA DE DIREITO LÍQUIDO E CERTO. ESTABILIDADE PROVISÓRIA. DOENÇA PROFISSIONAL. SEGURIDADE SOCIAL. Inexiste direito líquido e certo a ser oposto contra ato de Juiz que, antecipando a tutela jurisdicional, determina a reintegração do empregado até a decisão final do processo, quando demonstrada a razoabilidade do direito subjetivo material, como nos casos de anistiado pela Lei n.º 8.878/1994, aposentado, integrante de comissão de fábrica, dirigente sindical, portador de doença profissional, portador de vírus HIV ou detentor de estabilidade provisória prevista em norma coletiva. |
| **151** | AÇÃO RESCISÓRIA. MANDADO DE SEGURANÇA. ADVOGADO. MANDATO. IRREGULARIDADE DE REPRESENTAÇÃO PROCESSUAL VERIFICADA NA FASE RECURSAL. PROCURAÇÃO OUTORGADA COM PODERES ESPECÍFICOS PARA AJUIZAMENTO DE RECLAMAÇÃO TRABALHISTA. VÍCIO PROCESSUAL SANÁVEL. A procuração outorgada com poderes específicos para ajuizamento de reclamação trabalhista não autoriza a propositura de ação rescisória e mandado de segurança. Constatado, todavia, o defeito de representação processual na fase recursal, cumpre ao relator ou ao tribunal conceder prazo de 5 (cinco) dias para a regularização, nos termos da Súmula nº 383, item II, do TST. |

| ORIENTAÇÕES JURISPRUDENCIAIS SBDI-II DO TST | |
|---|---|
| **NÚMERO** | **TEXTO** |
| **152** | AÇÃO RESCISÓRIA. MANDADO DE SEGURANÇA. RECURSO DE REVISTA DE ACÓRDÃO REGIONAL QUE JULGA AÇÃO RESCISÓRIA OU MANDADO DE SEGURANÇA. PRINCÍPIO DA FUNGIBILIDADE RECURSAL. INAPLICABILIDADE. ERRO GROSSEIRO NA INTERPOSIÇÃO DO RECURSO. A interposição de recurso de revista de decisão definitiva de Tribunal Regional do Trabalho em ação rescisória ou em mandado de segurança, com fundamento em violação legal e divergência jurisprudencial e remissão expressa ao art. 896 da CLT, configura erro grosseiro, insuscetível de autorizar o seu recebimento como recurso ordinário, em face do disposto no art. 895, "b", da CLT. |

# REFERÊNCIAS


AGRA, Walber de Moura. **Curso de direito constitucional**. 9. ed. Belo Horizonte: Fórum, 2018.

ALMEIDA, Candido Mendes de. **Ordenações e leis do reino de Portugal**. Rio de Janeiro: Typ. do Instituto Philomathico, 1870.

ALVIM, J. E. Carreira. **Mandado de segurança coletivo**. Curitiba: Juruá, 2018.

ARAÚJO, José Henrique Mouta. **Mandado de segurança.** 7. ed. rev. ampl. atual. Salvador: JusPodivm, 2018.

ARENHART, Sérgio Cruz; OSNA, Gustavo. **Curso de processo civil coletivo**. São Paulo: Thomson Reuters, 2019.

ATHENIENSE, Alexandre. **Comentários à Lei 11.419/06 e as práticas processuais por meio eletrônico nos Tribunais brasileiros**. Curitiba: Juruá, 2010.

BARBI, Celso Agrícola. **Do mandado de segurança**. 10. ed. rev. aum. Rio de Janeiro: Forense, 2001.

BEBBER, Julio Cesar. **Mandado de segurança individual e coletivo na Justiça do Trabalho**. 3. ed. rev. atual. São Paulo: Linotec Produção Editorial, 2020.

BONOMO JÚNIOR, Aylton; ZANETI JÚNIOR, Hermes. **Mandado de segurança individual e coletivo**. Salvador: JusPodivm, 2019.

BORGES; Leonardo. Súmula 417. *In:* ROCHA, Andréa Presas; ALVES NETO, João (orgs.). **Súmulas do TST comentadas**. Rio de Janeiro: Elsevier, 2011, p. 508-510.

BRASIL. Superior Tribunal de Justiça. RESP n.º 401964/RO. Relator: Ministro Luiz Fux. Julgado em: 22 out. 2002.

BRASIL. Tribunal Superior do Trabalho. **Instrução Normativa n. 27, de 16 de fevereiro de 2005**. Dispõe sobre procedimentais normas aplicáveis ao processo do trabalho em decorrência da ampliação da competência da Justiça do Trabalho pela Emenda Constitucional nº 45/2004. Diário da Justiça [da] República Federativa do Brasil: seção 1, Brasília, DF, p. 116, 5 jul. 2005. Republicação 1. Disponível em: https://juslaboris.tst.jus.br/bitstream/handle/20.500.12178/3978/2005_in0027_rep01_alterada_2005_res0133.pdf?sequence=6&isAllowed=y. Acesso em: 12 out. 2021.

BRASIL. Tribunal Superior do Trabalho. **Instrução Normativa n. 39 [editada pela Resolução n. 203, de 15 de março de 2016]**. Dispõe sobre as normas do Código de Processo Civil de 2015 aplicáveis e inaplicáveis ao Processo do Trabalho, de forma não exaustiva. Diário Eletrônico da Justiça do Trabalho: caderno judiciário do Tribunal Superior do Trabalho, Brasília, DF, n. 1939, p. 1-4, 16 mar. 2016. Disponível em: https://juslaboris.tst.jus.br/bitstream/handle/20.500.12178/81692/2016_

res0203_in0039_compilado.pdf?sequence=4&isAllowed=y. Acesso em: 12 out. 2021.

BRASIL. Supremo Tribunal Federal. **Mandado de Segurança n.° 30.260. Ação Direta de Inconstitucionalidade n.º 5.766/DF.** Mandado de segurança preventivo. Constitucional. Suplentes de deputado federal. Ordem de substituição fixada segundo a ordem da coligação. Rejeição das preliminares de ilegitimidade ativa e de perda do objeto da ação. Ausência de direito líquido e certo. Segurança denegada. Impetrante: Carlos Victor da Rocha Mendes. Impetrado: Presidente da Câmara dos Deputados e outros. Relatora: Ministra Carmen Lúcia. Julgado em: 27 abr. 2011. Disponível em: https://portal.stf.jus.br/processos/detalhe.asp?incidente=4014471. Acesso em: 10 mai. 2021.

BRASIL. Supremo Tribunal Federal. **Ação Direta de Inconstitucionalidade n.° 4.296.** Requerente Conselho Federal da Ordem dos Advogados do Brasil. Requerido Presidente da Câmara dos Deputados e outros. Relator Ministro Marco Aurélio. Disponível em: http://portal.stf.jus.br/processos/detalhe.asp?incidente=3755382. Acesso em: 10 set. 2021.

BRASIL. Tribunal Regional do Trabalho da 4ª Região. 1ª Seção de Dissídios Individuais. **Mandado de Segurança n.° 20568692021504000.** Impetrante: Calçados Bottero Ltda. Autoridade Coatora: Juízo da 1ª Vara do Trabalho de Taquara. Relator: Desembargador João Paulo Lucena. Julgado em 09 de junho de 2021. Disponível em: https://trt-4.jusbrasil.com.br/jurisprudencia/1229592285/mandado-de-seguranca-civel-msciv-20568692021504000/inteiro-teor-1229592296. Acesso em 12 out. 2021.

BRASIL. Tribunal Regional do Trabalho da 4ª Região. 2ª Seção de Dissídios Individuais. **Mandado de Segurança n.° 10352985202050100000.** Impetrante: Leandro Fernandes Agapito. Autoridade Coatora: Juízo da 56ª Vara do Trabalho do Rio de Janeiro. Redatora: Desembargadora Maria Helena Motta. Julgado em 25 de março de 2021. Disponível em: https://trt-1.jusbrasil.com.br/jurisprudencia/1198359345/mandado-de-seguranca-civel-ms-10352985202050100000-rj/inteiro-teor-1198359416. Acesso em 12 out. 2021.

BUENO, Cássio Scarpinella. **A nova lei do mandado de segurança**. 2. ed. rev. atual. ampl. São Paulo: Saraiva, 2011.

BUENO, Cássio Scarpinella. **Curso sistematizado de direito processual civil**: direito processual público, direito processual coletivo. 4. ed. rev. e atual. São Paulo: Saraiva, 2014. v. 2, tomo III. *E-book.*

BUZAID, Alfredo. Do mandado de segurança. **Revista De Direito Administrativo**, Rio de Janeiro, n. 44, p. 26-40, 1956.

CAHALI, Yussef Said. **Aspectos processuais da prescrição e da decadência**. São Paulo: Revista dos Tribunais, 1979.

CAIRO JÚNIOR, José. **Curso de direito do trabalho**. 13. ed. rev. e atual. Salvador: JusPodivm, 2017.

CÂMARA, Alexandre Freitas. **Manual do Mandado de Segurança**. 2. ed. São Paulo: Atlas.

CAMPOS, Amália Rosa de. A plataforma digital 'consumidor.gov': a obrigatoriedade de prévia tentativa de solução virtual de conflitos e a (in)afastabilidade do controle jurisdicional. *In*: VEIGA, Fábio da Silva; AMORIM, José de Campos; AZEVEDO, Patrícia Anjos (coord.). **Desafios do *legal tech*.** Porto: IBEROJUR, 2020. *E-book*.

CAMPOS, Amália Rosa de. **A conciliação judicial trabalhista**: possibilidade de otimização a partir da aplicação de técnicas e ferramentas inerentes aos mecanismos negocial e mediativo de solução de conflitos. Dissertação (Mestrado em Direito) – Escola de Direito, Pontifícia Universidade Católica do Rio Grande do Sul, Porto Alegre, 2021.

CAPPELLETTI, Mauro; GARTH, Bryant. **Acesso à justiça**. Traduzido de Ellen Gracie Northfleet. Porto Alegre: Fabris, 1998.

DANTAS, Paulo Roberto de Figueiredo. **Direito processual constitucional**. 8. ed. São Paulo: Saraiva, 2018. *E-book*.

DI PIETRO, Maria Silvia Zanella. **Direito Administrativo**. 32. ed. Rio de Janeiro: Forense, 2019. *E-book*.

DIDIER JÚNIOR, Fredie. ZANETI JÚNIOR, Hermes. **Curso de direito processual civil**: processo coletivo. 12. ed. Salvador: JusPodivm, 2018, v.4.

DINAMARCO, Cândido Rangel; LOPES, Bruno Vasconcelos Carrilho. **Teoria Geral do Novo Processo Civil**. 2. ed. rev. atual. São Paulo: Malheiros, 2017.

FEICHAS, Roger Vieira; SALVADOR, Sérgio Henrique. **Mandado de segurança**: da teoria à prática. 2. ed. São Paulo: LTr, 2017.

FERRARI, Irany; NAHAS, Thereza Christina. Prescrição trabalhista: decretação de ofício. **Suplemento Trabalhista**. São Paulo: LTr, v. 153, nov. 2000, p. 837-841.

FERRAZ, Sérgio. Da liminar em mandado de segurança. *In*: FERRAZ, Sérgio (org.). **Cinqüenta anos de mandado de segurança**. Porto Alegre: Sergio Antônio Fabris, 1986.

FIGUEIREDO, Lucia Valle. Autoridade coatora e sujeito passivo. *In*: FERRAZ, Sérgio (org.). **Cinqüenta anos de mandado de segurança**. Porto Alegre: Sergio Antônio Fabris, 1986.

FUX, Luiz. **Mandado de Segurança**. 2. ed. Rio de Janeiro: Forense, 2019.

GOMES, Fábio. **Carência de ação**: doutrina, comentários ao CPC, análise da jurisprudência. São Paulo: Revista dos Tribunais, 1999.

GRECO, Leonardo. **Teoria da ação no processo civil**. São Paulo: Dialética, 2003.

GUERRA FILHO, Willis Santiago. **Processo Constitucional e Direitos Fundamentais**. 4. ed. rev. ampl. São Paulo: RCS Editora, 2005.

LEITE, Carlos Henrique Bezerra. **Curso de direito processual do trabalho**. 19. ed. São Paulo: Saraiva, 2021. *E-book*.

LOPES, Mauro Luís Rocha. **Comentários à Nova Lei do Mandado de Segurança**. Rio de Janeiro: Impetus, 2009.

MARINONI, Luiz Guilherme; ARENHART, Sérgio Cruz; MITIDIERO, Daniel. **Curso de processo civil**: tutela dos direitos mediante procedimentos diferenciados. São Paulo: Thomson Reuters, 2020. v. 3. *E-book*.

MAZZOLA, Marcelo. **Tutela jurisdicional colaborativa**. Curitiba: CRV, 2017.

MEIRELLES, Hely Lopes. **Direito Administrativo Brasileiro**. 23. ed. São Paulo: Malheiros, 1998.

MEIRELLES, Hely Lopes; WALD, Arnoldo; MENDES, Gilmar Ferreira. **Mandado de segurança e ações constitucionais**. 36. ed. atual. ampl. São Paulo: Malheiros, 2014.

MELLO, Marcos Bernardes. **Teoria do fato jurídico**: plano da existência. 12. ed. São Paulo: Saraiva, 2013.

MIRANDA, Pontes de. **Tratado das ações**. São Paulo: Revista dos Tribunais, 2016. Tomo I.

NAHAS, Thereza Christina; CAMPOS, Amália Rosa de. A decretação *ex officio* da prescrição no direito (processual) do trabalho revisitada. *In*: NEMER NETO, Alberto *et al* (coord.). **Direito Material e Processual do Trabalho Constitucionalizados**. São Paulo: Lex Editora, 2021, v. 3, p. 55-90.

NEVES, Daniel Amorim Assumpção. **Manual de processo coletivo.** Salvador: JusPodivm, 2020.

NORTHFLLET, Ellen Gracie. Suspensão de sentença e de liminar. **Revista de Processo**, São Paulo, v. 97, jan./mar. 2000, p. 1-11.

OLIVEIRA, Francisco Antônio de. **Mandado de segurança e controle constitucional**. 4. ed. São Paulo: LTr, 2012.

PAMPLONA FILHO, Rodolfo; SOUZA, Tércio Roberto Peixoto. **Curso de direito processual do trabalho**. 2. ed. São Paulo: Saraiva, 2020. *E-book*.

PINHO, Humberto Dalla Bernardina de. **Direito processual civil contemporâneo**: teoria geral do processo. 7. ed. São Paulo: Saraiva, 2017. *E-book*.

QUINTANILHA, Gabriel Sant'Anna. **Mandado de segurança no direito tributário**. 2. ed. São Paulo: Saraiva, 2017. *E-book*.

SARLET, Ingo Wolfgang; MARINONI, Luiz Guilherme; MITIDIERO, Daniel. **Curso de direito constitucional**. 8. ed. rev. atual. ampl. São Paulo: Saraiva, 2019. *E-book*.

SILVA, José Afonso da. **Ação Popular Constitucional.** São Paulo: Revista dos Tribunais, 1968.

SILVA, José Afonso da. **O constitucionalismo brasileiro**. São Paulo: Malheiros, 2011.

SILVA, Ovídio Baptista da. **Curso de processo civil**: processo de conhecimento. 6. ed. rev. e atual. São Paulo: Revista dos Tribunais, 2002, v.1.

SOARES, Evanna. **Mandado de segurança na Justiça do Trabalho**. São Paulo: LTr, 2011.

STÜRMER, Gilberto. **Direito Constitucional do Trabalho no Brasil**. São Paulo: Atlas, 2014.

TEIXEIRA FILHO, Manoel Antônio. **Breves comentários à reforma do Poder Judiciário (com ênfase à justiça do trabalho)**: emenda constitucional 45/04. São Paulo: LTr, 2005.

TEIXEIRA FILHO, Manuel Antônio. **Mandado de segurança na Justiça do Trabalho** – individual e coletivo. 4. ed. São Paulo: LTr, 2017.

TEMER, Michel. **Elementos de Direito Constitucional**. 2. ed. São Paulo: Malheiros, 2008.

THEODORO JÚNIOR, Humberto. **Curso de direito processual civil**. 59. ed. rev. atual. ampl. Rio de Janeiro: Forense, 2018. *E-book*.

THEODORO JÚNIOR, Humberto. **Lei do Mandado de Segurança comentada**: artigo por artigo. 2. ed. Rio de Janeiro: Forense, 2019. *E-book*.

TRIBUNAL SUPERIOR DO TRABALHO. **100% PJe**. Disponível em: https://www.tst.jus.br/web/corregedoria/100-pje. Acesso em: 23 ago. 2021.

VELLOSO, Carlos Mario da Silva. Do Mandado de Segurança. **Revista da Faculdade de Direito da Universidade Federal de Minas Gerais**, Belo Horizonte, n. 22, 1979, p. 81-114.

WALD, Arnold. A evolução legislativa do Mandado de Segurança. **Revista Do Serviço Público**, Brasília, v. 76, n. 1, 1957, p. 94-203.

WATANABE, Kazuo, Disposições Gerais. *In*: GRINOVER, Ada Pellegrini *et al.* **Código brasileiro de defesa do consumidor**: comentado pelos autores do anteprojeto. 8. ed. Rio de Janeiro: Forense Universitária, 2005, p. 790-874.